广东省科技计划项目"华南技术转移中心建设（第一期、二期、三期）"
"广东创新驱动战略决策新型智库建设"（2017B070703005）成果

企业创新管理工具丛书

企业知识产权管理实操指南

王鹏 周善明 戴川 杨隆鑫 等编著

机械工业出版社
China Machine Press

图书在版编目（CIP）数据

企业知识产权管理实操指南 / 王鹏等编著 . -- 北京：机械工业出版社，2022.6
（企业创新管理工具丛书）
ISBN 978-7-111-71021-9

I. ①企… II. ①王… III. ①企业 – 知识产权 – 管理 – 中国 – 指南 IV. ① D923.4-62

中国版本图书馆 CIP 数据核字（2022）第 102576 号

  知识产权已成为企业核心竞争力提升和高质量发展的战略性资源。本书围绕企业知识产权工作，系统阐述了知识产权创造、运用、保护、贯标，以及不同阶段企业知识产权管理的工作重点，为广大企业提供知识产权管理的实操指南，切实帮助企业解决知识产权方面的实际问题。本书各章均以开篇案例切入，以"庖丁解牛"的方式解析企业实践案例，力求帮助企业相关人员更好地开展知识产权管理工作。

  本书适用于高新技术企业的企业家、创业者、管理者和技术研发部门人员，以及各类研究机构的管理者和部分从事创新管理研究的学者。

企业知识产权管理实操指南

出版发行：机械工业出版社（北京市西城区百万庄大街 22 号 邮政编码：100037）	
责任编辑：吴亚军	责任校对：付方敏
印 刷：三河市国英印务有限公司	版 次：2022 年 9 月第 1 版第 1 次印刷
开 本：170mm×230mm 1/16	印 张：12.25
书 号：ISBN 978-7-111-71021-9	定 价：55.00 元

客服电话：(010) 88361066 68326294

版权所有 • 侵权必究
封底无防伪标均为盗版

企业创新管理工具丛书编委会

主　任：张振刚　周海涛
副主任：李　奎　廖晓东
成　员：叶世兵　赖培源　牟小容　黄　何　张宏丽
　　　　李妃养　李云健　余传鹏　王　鹏　李淑如
　　　　左恬源　戴　川　闫永骅　陈欣怡　邱珊珊
　　　　孙晓麒　张　跃　徐津晶　钱　钦　吴梦圈

前言

知识产权已经变成企业提升核心竞争力、实现高质量发展的战略性资源，知识产权的竞争不仅仅是企业层面的竞争，也是国家层面的竞争。2008年，《国家知识产权战略纲要》颁布实施，知识产权工作上升到国家战略层面，在激励科技创新、优化营商环境等方面，知识产权制度发挥着更加重要的作用。2015年12月，国务院印发《关于新形势下加快知识产权强国建设的若干意见》，正式提出建设中国特色、世界水平的知识产权强国总目标。2020年，知识产权事业发展蓝图再添浓墨重彩的一笔，中共中央总书记习近平在主持中共中央政治局第二十五次集体学习时强调，知识产权保护工作关系国家治理体系和治理能力现代化，关系高质量发展，关系人民生活幸福，关系国家对外开放大局，关系国家安全。2021年，国务院先后印发了《知识产权强国建设纲要（2021-2035年）》《"十四五"国家知识产权保护和运用规划》，知识产权高质量发展红利正在加速释放。

随着知识经济和数字经济的蓬勃发展，我国需要把握住有关知识产权的贸易与保护这一经济外交的重心，把握住知识产权成为国家核心竞争力培育和国民经济持续增长的关键，把握住新时代下唯有坚持知识产权高质量发展要求方能在国际舞台上赢得认同与尊重。我国经济由高速增长阶段转向高质量发展阶段，创新型国家建设进程持续加快，基础研究、应用基础研究和原始创新不断强化，创新成果转化应用加快，知识产权工作与企业高质量发展深度融合举措逐步提档升级。

按照党中央、国务院关于推动高质量发展的决策部署，国家知识产权局每年印发《推动知识产权高质量发展年度工作指引》，持续加强顶层设计，完善法律制度，深化改革创新，提高知识产权治理能力和治理水平，为持续提升企业自主创新能力、加快培育全球竞争力、增强抗风险能力提供强大助力。各地区结合发展实际，进一步细化、落实、推动知识产权高质量发展的主攻方向和具体任务，出台的相关配套细则和政策措施确保及时落地见效。以广东省为例，《广东省知识产权保护条例》已经于2022年5月1日施行，广东省高级人民法院等11个单位联合印发《关于强化广东知识产权协同保护合作备忘录》，全省累计建有13家国家级知识产权保护中心或快速维权中心、15家省维权援助分中心、9家市县维权援助机构和181个工作站，形成知识产权维权援助"一张网"。

此外，《企业知识产权管理规范》《科研组织知识产权管理规范》《高等院校知识产权管理规范》等国家标准的颁布，为我国不同创新主体开展知识产权管理工作提供了依据。我国创新主体已从"如何获取专利"向"如何利用制度发展高质量专利"转变，并且企业也日益重视知识产权管理，从"如何尽量快、尽量多地形成专利"向"如何通过专利获取收益，形成竞争优势"转变。例如一家公司凭借着自拍杆的一项实用新型专利，通过诉讼获赔近千万元。在中美贸易纷争中，以美国337调查为代表的针对中国企业的知识产权诉讼让越来越多的企业在科技创新和知识产权保护能力上奋起直追。

"知识产权高质量创造，知识产权高效运用，知识产权保护能力提升，知识产权管理体系完善"已成为新时代企业知识产权事业发展的主旋律。对标世界一流企业制定知识产权战略的企业日益增多，知识产权价值实现渠道正被不断挖掘，知识产权强保护环境日渐形成。知识产权也成为企业参与市场竞争的"王牌武器"、抗击惊涛骇浪的"定海神针"和创造财富的"点金石"。

目前，市场上企业知识产权管理方面的教科书较少，尤其是可供企业在实际经营活动中有效借鉴的教科书更是凤毛麟角。基于此，在华南技术转移中心的积极组织下，《企业知识产权管理实操指南》应运而生。本书围绕知识产权创造、运用、保护、贯标和不同阶段的企业知识产权管理这一主线展开，每一部分由开篇案例切入，结合专家在企业知识产权管理方面的经验，指导企业进行有效的知识产权管理，注重实操性。衷心希望本书的出版，能助推我国知识产权事业的发展，助力广大企业有效地开展知识产权工作，实现高质量发展。

► 目 录 ◄

前言

第1章 企业知识产权工作概述 / 1
　　{开篇案例} 在"走出去"过程中,金发科技如何进行知识产权管理 / 1
　　1.1 企业知识产权工作指导原则 / 2
　　1.2 企业知识产权工作基本内容 / 5
　　1.3 企业知识产权战略与工作部门协同 / 10

第2章 知识产权创造 / 14
　　{开篇案例} 阿里巴巴商业模式专利布局策略 / 14
　　2.1 专利挖掘的操作 / 17
　　2.2 技术交底书的撰写 / 24
　　2.3 专利布局的类型 / 31
　　2.4 专利组合 / 39

第3章 知识产权运用 / 45
　　{开篇案例} 企业专利预警工作如何开展 / 45

3.1 专利检索概述 / 49
3.2 专利分析 / 58
3.3 专利分析与专利竞争情报 / 71
3.4 高价值专利的评价和专利质押 / 76

第 4 章　知识产权保护 / 93

{开篇案例} 从青蒿素到 5G 通信 / 93

4.1 知识产权风险评估和管理 / 97
4.2 知识产权侵权诉讼和应对 / 103
4.3 专利无效程序 / 125
4.4 商标异议和无效程序 / 130

第 5 章　知识产权贯标 / 141

{开篇案例} 企业开展知识产权贯标带来的飞跃 / 141

5.1 从 0 到 1 的知识产权管理 / 142
5.2 从单一到联动的知识产权管理 / 151
5.3 从模板到裁剪的知识产权管理 / 157
5.4 从封闭到开放的知识产权管理 / 163

第 6 章　不同阶段的企业知识产权管理 / 165

{开篇案例} 企业知识产权工作管理阶段与策略 / 165

6.1 初创阶段企业知识产权管理 / 167
6.2 成长阶段企业知识产权管理 / 169
6.3 成熟阶段企业知识产权管理 / 175
6.4 领军阶段企业知识产权管理 / 184

参考文献 / 187

第 1 章
企业知识产权工作概述

 开篇案例

在"走出去"过程中,金发科技如何进行知识产权管理

金发科技成立于1993年,28年来专注于改性塑料上下游产品的生产和研发,完成了从创立初期的2万元资本到年销售额350亿元的蜕变。公司连续十几年稳居国内市场占有率第一,已成为亚太第一、全球前三的新材料领军企业,为全球130多个国家和地区的1 000多家知名企业提供服务。金发科技以创新为动力,以人才为支撑,依靠四大国家级创新平台,先后开发出了高性能碳纤维及其复合材料、耐高温特种工程塑料、全生物降解塑料等具有国际先进水平的高端新材料产品100多种,为国家战略提供了强有力的材料支撑和保障。

2021年1月28日,由人民日报社《中国经济周刊》联合经济网、中国经济研究院等智库机构评选的"2020中国创新榜样"揭晓,金发科技等10家企业入围,这是金发科技面对经济全球化、信息化、低碳化、绿色化和发展方式转变所带来的挑战,积极开展科技和管理创新,在实践方面取得的重大成就。由此可见,金发科技对于科技研发和知识产权相当重视。作为全球改性塑料品种最齐全的供应商之一,海内外的知识产权布局和科学的

管理机制有力地支撑着企业的发展和壮大，截至2020年底，金发科技已累计申请国内外专利3 763件。

进入21世纪以来，国内企业在海外建立研发中心或子公司已经成为一种趋势，金发科技也在寻求海外突破。2013年，金发科技收购了印度Hydro S&S Industries公司92.5%的股权，正式启动实施海外布局及全球化战略。印度作为金发科技海外市场开拓的一次试水，为金发科技之后的海外开拓之路提供了宝贵的经验。接下来金发科技将目光投向了美国和德国市场，分别于2015年和2016年在美国和德国设立了配套的研发中心和生产基地。

海外市场的持续扩大也带来了不可避免的知识产权风险与纠纷。知识产权纠纷是一个没有硝烟的战场，在这个战场上，金发科技采取了"正面迎战，国内反制"的策略，利用国内的主场优势，寻找新的突破口。一旦遇到纠纷，金发科技会成立一个应对小组，由公司领导牵头担任组长，组内成员来自知识产权部门、技术团队、销售团队，还有国内和国外的律师，大家共同汇集公司内外各方面的信息，寻求从多个角度解决问题。金发科技一直以全球视野来进行知识产权布局，首先自然要注重海外市场的知识产权风险，将风险规避做在前面，其次注重国内的知识产权布局，以谨慎、长远的眼光做好相应的预案。

对于如何应对海外的知识产权纠纷，金发科技将关键总结为以下三点：

注重市场反应，避免因单个产品出现专利纠纷而影响到整个公司的产品；积极应对纠纷，在行业内树立勇于面对、能够专业地处理知识产权问题的形象；在更高的视野看待纠纷解决，寻求合作机会以化解双方矛盾，从市场的角度看待如何解决知识产权问题，如合作研发、合资建厂等。

在企业"走出去"的过程中，知识产权问题从来不是一个孤立的问题，在应对个案之余，运用各种资源解决问题，这无疑是金发科技保持高速发展的重要法宝。

1.1 企业知识产权工作指导原则

企业知识产权工作的指导原则，在于更好地进行知识产权的建立、维护、巩固和扩大企业的核心竞争优势。围绕企业核心竞争优势的培育，企业在知识产权工作中需要注重 6 个指导原则：战略匹配原则、构建组合原则、优化结构原则、管控风险原则、长期改进原则、规范运作原则，如图 1-1 所示。

图 1-1　企业知识产权工作指导原则

1.1.1　战略匹配原则

战略匹配是指企业知识产权工作在战略层面上应当与其技术研发战略、市场运营战略、企业发展战略保持协同一致，是相互配合、相互支持、一体化的企业整体战略。企业知识产权工作利用知识产权制度提供的法律保护及相关便利条件，对有关技术、产品、服务的市场态势进行权衡利弊，在国内及国外主要市场展开布局、行使和维护知识产权，以对抗其他企业的市场渗透和竞争。因知识产权工作涉及面广，因此需要与其他相关工作在操作上密切协作，在战略上形成协同。

1.1.2　构建组合原则

知识产权组合的构建主要强调企业应当通过知识产权工作的开展，逐步建立知识产权之间在保护内容、保护效果上相互补充、相互支持、相互呼应等方面的内在有机联系的知识产权组合。通过有效的知识产权组合，使得每个专利组合都能发挥明显大于单个个体以及这些个体简单叠加的作用，从而增强对相关技术创新、品牌培育的知识产权保护力度，强化企业固有的技术优势，弱化薄弱技术环节可能带来的不利影响，显著提升企业的市场竞争力。

1.1.3 优化结构原则

优化结构主要强调企业在知识产权工作中要从相对宏观的高度进行知识产权结构优化。例如审视专利在技术分布结构、地域分布结构、时间分布结构等方面是否结构合理、配置均衡、重点突出、保护有效；判断企业拥有的商标在类别结构、使用结构、内容结构、提前储备结构等方面是否合理以及是否具有前瞻性等。通过知识产权结构的不断优化，企业可以实现知识产权保护和价值的最大化。

1.1.4 管控风险原则

管控风险主要强调企业在知识产权管理工作中要高度关注知识产权风险，要采取有效举措将知识产权风险纳入企业风险管理范围，尽可能防范知识产权风险的发生，并尽可能减小或消除其可能带来的不利影响。企业在技术研发、产品投放、市场拓展、商业合作、人才引进和流失等工作中，都可能隐藏着专利风险。这些风险的识别和预警管理能让企业进行及时有效的防范。因此，在企业知识产权工作中，有关人员应当高度重视专利风险的有效管控。

1.1.5 长期改进原则

长期改进主要强调企业要随着技术、产业及自身的发展，进行知识产权战略、组合及结构的长期改进。企业应尽可能顺应甚至先于社会需求和产业技术发展趋势，调整知识产权战略，改进知识产权组合，优化知识产权结构。通过长期持续的改进，企业应谋求和建立适应企业未来发展需要的知识产权优势。

1.1.6 规范运作原则

规范运作主要强调以制度化、流程化的规范运作为基础，优质高效地处理好企业的常规知识产权事务，仅对特殊的突发性例外事件进行特别的个案专门处理。无论是知识产权挖掘，还是知识产权申请事务、风险管理、知识产权维护运用，其中的各项业务特点各异、要求不同，均需要建立规范的操作流程和操作规则，以提升企业专利工作的整体质量和效率。

1.2 企业知识产权工作基本内容

1.2.1 企业知识产权工作目的

企业知识产权工作不再仅仅局限于对企业技术创新成果的保护，而是服务于多重目的。具体而言，其直接目的是保护技术创新成果，间接目的是管控潜在知识产权风险，根本目的是培育核心竞争优势。其中，有效保护技术创新成果作为企业开展知识产权工作最基本的功能和最直接的目的，早已为人们所熟知。企业需要加以特别注意的是后两个目的对当前企业知识产权工作的重要意义。

管控潜在知识产权风险，这一目的在企业知识产权工作中的重要性近年来与日俱增。随着全球范围内知识产权申请持续迅猛增长，尤其是在产业蓬勃发展的新兴市场和新兴国家，知识产权在受技术创新影响较大的产业的分布越来越密集。这种密集的知识产权分布状态使得相关产业的企业在参与市场竞争时面临危机四伏的"知识产权地雷阵"，比比皆是的潜在知识产权风险令企业举步维艰，稍有不慎就有可能面临诉讼纠纷，甚至可能导致企业濒临破产。因此，无论是研发立项、选择技术路线，还是制定市场拓展战略，在企业运作的全过程中，都需要通过提前梳理识别其中可能隐藏的知识产权风险，提前规避和防范知识产权风险，并提前制订知识产权风险应对化解预案，尽量使各种现实的、潜在的知识产权风险纳入企业的管控范围，尽可能地减小知识产权风险发生的可能性，最大限度地降低知识产权风险带来的危害和损失。

有效培育核心竞争优势已经成为企业知识产权工作理所当然的根本目的。在新商业环境中，企业知识产权工作的方向、内容和重点，无一例外都要服从和服务于企业核心竞争优势的建立、巩固和扩大。就竞争优势而言，企业知识产权工作首先要着力于当前实际的竞争优势的培育，同时还必须以开阔的视野和深刻的产业发展洞见致力于未来竞争优势的培育。没有前者，企业无法生存；没有后者，企业无法发展壮大。关于适应当前竞争需要的竞争优势，比较理想的状况是：有效提升市场进入的门槛，保护企业的主营业务不被侵蚀；建立细分市场内的竞争规则，决定价值链的利润分配机制；通过知识产权许可收益改善企业的营收和利润，同时利用知识产权许可收费加大竞争对手的市场成本，压缩其利润空间，削弱其成长发展潜力。关于适应未来竞争需要的竞争优势，比较理想的状况是：引领、控制技术和产业发展的方向，占据技术和产业升级换代的战略控制点；引导未来市场竞争重心的转移和竞争格局的调整，在新的市场竞争格局中赢得主导权，成为新竞争格局中竞争规则的制定者。

1.2.2　企业知识产权工作的对象

在新商业环境中，虽然知识产权本身仍然是企业知识产权工作的基本对象，但更为重要的是，企业还应当把知识产权组合作为知识产权工作的重要对象。所谓知识产权组合，主要是指在技术、保护等方面具有内在紧密联系的知识产权的组合。知识产权组合在企业知识产权工作中的重要性之所以大幅提升，其原因在于，在近年来的产业竞争中，有明确战略目标的知识产权组合大量涌现，单项知识产权的竞争力、控制力明显降低，企业间基于知识产权的竞争演变为具有一定数量规模的知识产权且企业间存在相互补充、相互支持等内在联系的知识产权组合的对抗。这种现象在电子通信、新能源汽车等技术高度集成的产业领域最为常见。企业如果仅凭零散的单项知识产权，将难以与拥有庞大知识产权组合的竞争对手相抗衡。因此，从相对宏观的层次审视知识产权，构建设计精巧的知识产权组合在企业知识产权工作中不容忽视。作为企业知识产权工作的对象，知识产权和知识产权组合包括两个维度的内容：第一个维度是企业自身的知识产权和知识产权组合，这是企业知识产权工作的直接对象；第二个维度是竞争对手的知识产权和知识产权组合，这是企业安排知识产权申请、构建知识产权组合的基本参照对象。对于自己的知识产权和知识产权组合，企业考虑的重点在于权利的保护、维护和知识产权组合结构的优化；对于他人的知识产权和知识产权组合，企业考虑的重点在于防御与攻击、控制与反控制、竞争与合作。总体而言，企业知识产权工作内容丰富，涉及不同层次、不同维度，既包括企业知识产权工作的战略规划，又包括企业知识产权工作的基本业务及流程，还包括企业知识产权工作的保障体系；既包括知识产权申请、维护等前端知识产权业务，又包括知识产权纠纷应对、知识产权运用等后端知识产权业务，还包括知识产权风险管控等贯穿企业知识产权工作全过程的业务。

1. 企业知识产权工作的战略规划

宏观层面的企业知识产权工作内容集中体现为企业知识产权战略规划的制定和实施，重点在于明确企业在不同背景、不同时期、不同条件下自身知识产权工作的定位、方向、重点，实现长期、中期、短期企业知识产权工作方针的有机协调以及企业知识产权工作战略政策与企业整体发展战略、技术发展战略、市场运营战略的有机协同。具体而言，企业知识产权战略主要是明确，在相对较长时期内知识产权工作在企业整体战略和经营中的定位、目标、政策、策略和规划，以及组织和制度等关键性问题，为知识产权业务提供纲领性和方向性的指导，是企业开展各项具体知识产权工作的基本依据。企业知识产权战略应当服务并服从于企业的发展战略，因此，要做好企业知识产权战略的管理，必须基于企业的整体经营发展战略，同时密切结合企业技术发展战略和市场运营战略，寻找战略主攻方向和最佳战略支撑点。企业在制定知识产权战略时，一是要着力提炼企业整体战略中所包含的核心要素，这些核心要素应当是与维持和增强企业核心竞争力、支撑企业商业模式取得成功密切相关的关键要素；二是要找出其中与企业知识产权工作存在直接联系的相关要素，如企业发展规划、市场拓展计划、基本商业模式、主要利润来源、基本产品定位、技术发展路线等。其中，企业发展规划决定了企业不同发展阶段的知识产权战略目标、定位和策略，比如，是防御，还是进攻，或者二者兼顾，等等；企业的市场规划直接影响知识产权布局的重点区域是中国本土还是欧美发达国家，还会进一步影响知识产权申请和知识产权风险管理策略；企业的商业模式和利润来源，则决定了企业知识产权挖掘和布局的重点方向和策略。

企业知识产权工作规划集中规定和体现了企业当前及未来一段时期知识产权工作的定位、目标、方针、重点、策略和主要任务措施。如果说企业知识产权战略是企业开展知识产权工作的方向指导，那么企业知识产权工作规划则是企业贯彻知识产权战略并对各方面知识产权工作做出的整体部署和安排。科学制订和有效实施企业知识产权工作规划，需要企业扎扎实实做好规划的研究制订、实施推进、督促检查、调整优化等各个环节的细致工作。特别需要注意的是企业知识产权工作的年度规划不仅要体现企业知识产权战略的基本精神，而且要与企业本年度的技术研发规划、市场运营规划保持协调一致，应全面、准确地抓住企业技术研发和市场运营的规划重点，在年度知识产权工作规划中给予重视并恰如其分地体现在相关知识产权工作安排中。

2. 企业知识产权工作的基本内容

微观层面的企业知识产权工作内容主要体现为各项具体的知识产权业务。根据所处流程阶段不同，可将企业知识产权工作的基本业务划分为前端业务和后端业务。

企业知识产权工作的前端业务主要涉及知识产权挖掘、知识产权布局、知识产权申请、知识产权维护等。这些业务的共同特点是，以企业内部的技术创新成果的挖掘和保护为重心，主要体现的是知识产权的创造。其中，知识产权挖掘业务旨在找出企业技术创新中可申请知识产权的发明点；知识产权布局业务旨在构建能够形成有效知识产权保护、具有较强知识产权控制力的企业知识产权组合，培育建立企业基于知识产权的竞争优势；知识产权申请业务旨在确保相关发明创造的技术方案能够形成优秀的知识产权申请文件，并通过知识产权审查获得知识产权授权；知识产权维护业务旨在对企业的有效知识产权以及知识产权组合进行科学有效的维护管理。可见，这些业务是企业开展知识产权工作需要做好的最基础的基本业务。可以说，对一个希望拥有强大竞争力的知识产权组合的企业而言，上述前端业务不可或缺。

企业知识产权工作的后端业务主要涉及知识产权纠纷应对、知识产权许可转让、知识产权资本化、知识产权质押融资、知识产权标准化、知识产权联盟、企业上市过程中的知识产权管理等。这些业务的共同特点是，以企业拥有的知识产权在企业外部发挥的影响和作用为重心，主要体现的是知识产权的运用。对知识产权工作处于起步和发展阶段的企业而言，后端知识产权业务并非每一个企业都必须开展的例行性业务，往往由于某些特定事件的发生而启动；

对知识产权工作处于成熟阶段的企业而言，可能基于所处行业特点以及自身战略定位等因素，将其中的某些业务纳入其例行性业务的范畴。比如，在知识产权纠纷频发的产业中，知识产权纠纷的防范和应对可能成为企业的例行性业务；在技术标准深度影响产业发展格局的产业中，知识产权标准化往往会成为先进企业的重要工作；对于知识产权许可收入构成企业重要利润来源的企业，知识产权许可业务则是一项关键业务。值得特别一提的是，前端业务和后端业务都必然会涉及知识产权综合事务管理和知识产权风险管理。前者是各项知识产权业务顺利开展的基础；后者则作为全面提升企业知识产权工作层次和价值、实现有效管控知识产权风险等目标的有效举措，自始至终贯穿企业知识产权工作的各个方面。

3. 企业知识产权工作的基本保障

对于企业知识产权工作来说，经费保障可谓基础中的基础，但仅就企业知识产权工作的内容而言，其基本保障主要涉及企业知识产权工作组织体系、知识产权人力资源、知识产权业务信息化系统几个方面。企业知识产权工作组织体系是企业开展知识产权工作的前提，为知识产权业务运行提供组织层面的环境保障。作为企业内部开展知识产权工作的顶层组织架构，企业知识产权工作组织体系决定了知识产权工作在企业日常业务运作中的实际地位和可能实际发挥的作用。通常，能够有效保障知识产权业务运行的企业知识产权工作组织体系具有如下特点：一是在企业组织体系中具有较高的地位；二是能够与企业技术研发体系和市场运营体系高效、顺畅地对接；三是内部知识产权业务流程设置和职责分工科学合理，有利于内部知识产权业务的优质高效运行。企业知识产权人力资源是企业开展知识产权工作的基础，为知识产权业务的运行提供智力保障。一方面，企业需要有不同层次的知识产权人力资源，既要有统筹引领企业知识产权工作的领军型高端人才，又要有能够在某一业务上独当一面的骨干人才，还要有能够具体执行实施特定业务的知识产权工程师；另一方面，企业需要有不同领域和专长的知识产权人力资源，比如，善于知识产权挖掘和布局的专门人才、善于知识产权流程管理的专门人才、善于知识产权诉讼和应对的专门人才、善于知识产权许可交易的专门人才、善于知识产权标准化的专门人才等。上述知识产权人力资源的积蓄和培育，既来自企业对其已有人才的培育，也来自企业对外部人才的吸纳。企业知识产权业务信息化系统是企业开展知识产权工作的重要工具，为知识产权业务的高效运行提供强有力的信息化条件保障。知识产权业务信息化系统的保障功能主要体现在三个方面：一是企业知识产权信息数据库的建设和保障，以实现企业知识产权信息的有效管理；二是知识产权业务流程信息化系统的建设和保障，以支撑企业知识产权业务和流程管理的高效运行；三是知识产权信息检索分析系统的建设和保障，以支持企业对知识产权信息的深度挖掘和综合利用。

1.3　企业知识产权战略与工作部门协同

对于企业知识产权管理而言，管理层面的首要任务是明确企业开展知识产权工作的基本战略。企业在规划和实施知识产权工作战略时需要获得企业高层的支持。

高层管理者参与企业战略规划的制定是确保战略规划定位合理、执行有效的关键。企业知识产权工作战略规划的制定也同样如此，尤其是对知识产权工作处于起步阶段的企业而言，企业高层管理者的深度参与和强力推动，更是至关重要。实践表明，企业高层管理者是企业知识产权工作战略规划的关键参与者。如果企业的管理层能够对专利工作给予足够的关注，那么会对企业知识产权工作战略规划的制定实施乃至日常专利工作的顺畅运行起到强有力的推动和促进作用。在获得管理层的支持这一方面，企业应当重点考虑以下几点。

站在有利于企业整体战略的高度来谋划和制定企业知识产权工作战略规划。企业知识产权工作绝对不是一个单一活动，而是与企业技术研发战略、市场运营战略等重大战略息息相关，甚至和企业未来发展紧密相关，因此，企业制定战略的时候要全面认识和准确定位知识产权工作在企业商业模式中扮演的角色、所处的地位和应发挥的作用。

站在知识产权工作的目标及定位的角度来谋划和制定企业知识产权工作战略规划。知识产权工作有其特殊性，尤其是对于不同类型的企业，其发挥作用的切入点往往是不同的，战略规划可以是宏观层次的，但是一定要根植在知识产权工作的具体目标和定位中，甚至可以细化工作内容和方向层面，以支撑战略规划与企业整体战略要求。

站在有利于企业相关部门相互协作的视角来实施企业知识产权工作战略规划和增强执行力。企业的知识产权工作不是知识产权部门独有的工作，企业知识产权工作与企业的技术研发部门、市场运营部门等相关部门有着千丝万缕的密切联系。实践表明，企业知识产权工作的有效性，在于企业知识产权部门与技术研发部门、市场运营部门等相关部门的紧密协同配合。因此，企业知识产权战略规划能否有效制定和具体工作能否有效开展，既取决于企业知识产权部门本身能否专业、规范、有效地开展知识产权业务，也取决于相关部门尤其是技术研发部门能否有效支持和配合知识产权部门，协同开展知识产权业务，尤其是关键项目关键节点的知识产权业务。

站在有利于企业未来发展的方向来制定具有前瞻性的知识产权战略规划。知识产权，尤其是专利，保护的产品应当是瞄准未来的产品。企业依托专利建立的竞争优势应是适应未来市场竞争需要的竞争优势。专利工作的价值，全在于企业未来的发展。谁拥有符合未来技术、产业、市场发展趋势的专利，谁就有可能在未来技术、产业、市场的激烈竞争中抢先获得有利的先发优势。对未来产品的保护既是企业专利工作的意义和价值所在，也是导致专利工作起步阶段企业管理层容易忽视专利工作的原因所在，因此在制定知识产权战略规划的时候，管理层应基于这一方面来进行策划。

企业在具体制定知识产权战略规划时，企业应根据整体战略规划尤其是市场运营战略和技术研发战略来制定知识产权战略规划，并将其与市场运营战略、技术研发战略等相关战略有效融合。因为企业的战略服务于竞争，所以企业知识产权工作战略规划也要服务于竞争。制定实施企业知识产权工作战略规划时，企业应当基于整体的竞争战略做规划。企业知识产权工作首先应当顺应企业市场运营的整体战略，与企业市场运营战略紧密衔接，以此为基础，然后准确定位企业的知识产权战略。

在知识产权战略的关注重点上，企业应重点考虑市场分布和与企业相关的其他厂商；在知识产权的地域布局策略上，应当充分参考并与企业的市场分布地域相契合，重点考虑企业成熟市场、未来战略市场的分布并进行针对性布局；在知识产权分析策略上，应当综合考虑企业目标市场、重点产品以及主要竞争对手，制定知识产权分析策略，并在此基础上形成目标市场的知识产权风险评估及应对方案；在知识产权运营策略上，应根据企业的市场运营目标，结合知识产权分析结果，有效评估企业已有的知识产权筹码，并有计划、有步骤地推动自身知识产权的许可或威慑等战略性运用，降低企业市场运营的知识产权风险及知识产权成本，以有效支撑企业市场运营战略。同时，企业知识产权工作战略还应与企业的技术研发战略相融合。

知识产权源于创新，创新源于研发。从这个意义来说，技术研发部门既是知识产权部门开展知识产权工作的业务来源，又是知识产权部门直接提供支持和服务的"客户"，还是对知识产权部门提供配合协作的重要"合作伙伴"。无论技术研发部门制定实施何种技术研发战略，都会在根本上影响知识产权部门的业务开展。在知识产权挖掘和布局的规划上，企业知识产权部门需要根据企业选取的战略产品、技术方向以及研发投入重点及规划来安排知识产权挖掘计划和设计知识产权布局规划，既要权衡和考虑企业在战略产品、技术上与在成熟产品、技术上的研发投入情况，还要权衡和考虑产品、技术的市场生命周期。此外，需要特别注意的是，在企业实践中，企业知识产权部门和技术研发部门往往有可能处于不同的管理层次，不同的管理层次有可能会造成两个部门在有关业务开展上的冲突和矛盾。企业在制定知识产权工作战略规划时，既要注意协调好两个部门之间领导与被领导的关系，更要注意建立和维护彼此间良好的协助关系。知识产权部门无论位于何种管理层次，都必须给予研发部门战略上的指导，并在必要时集中其可以调动的一切资源，对技术研发部门的重点技术研发项目予以全力支持。同时，技术研发部门由于专注于技术，对技术上的发展趋势有较高的敏感度，应当将其发现的可能具有战略意义的技术发展方向提供给知识产权部门，以提高知识产权部门工作的针对性和及时性。

在制定企业知识产权工作战略规划时，企业应根据工作的内部管理架构来制定，并与企业发展阶段、管理架构的科学设置相适应。

企业知识产权工作的内部管理架构的科学设置，是知识产权工作能够在企业经营中真正发挥作用的保障。科学设置企业知识产权工作内部管理架构的关键，在于该管理架构须与企业所处产业特点、企业规模以及企业的整体管理架构相适应、相协调。

小结

本章就企业知识产权工作在指导原则、工作内容以及战略协同层面进行了详细介绍。指导原则是工作开展方式和内容的指导方针,也是企业知识产权工作顶层设计上需要遵循的基本规律。工作内容是在顶层设计下根据目的、对象等的不同进行的不同选择。通过有效的战略协同,企业可以在各个部门之间建立协作层面的机制,并将知识产权管理工作在企业各个工作环节进行有机融合,以服务于企业的长久发展。

第 2 章
知识产权创造

开篇案例　阿里巴巴商业模式专利布局策略

　　阿里巴巴成功运营了很多新的商业模式，例如"集福卡分红包"已经成为很多人在过年时的一项常见活动，在每年春节前都能吸引大量的流量；还有"蚂蚁森林"公益项目，用户数量已经突破了5.5亿。阿里巴巴除了搭建和推广这些活动，也对这些新的商业模式进行了专利布局。

　　"集福卡分红包"活动最早是阿里巴巴旗下的支付宝App在2016年1月28日上线的春节活动。活动结束时有79万人集齐了5张福卡，平分了2.15亿元现金红包，每人平均分到了约270元。这项活动成为当年春节最火爆的活动，截至2020年已经连续举办5年，瓜分的红包总金额也涨到5亿，集福卡已经成为很多人过年的时候必做的一件事。

　　阿里巴巴为了保护这个活动创意，也申请了一系列相关的专利，通过检索发现，阿里巴巴与这项活动相关的专利共有6项，如表2-1所示。

表 2-1 阿里巴巴"集福卡分红包"活动的相关专利列表

序号	申请号	专利名称	申请日期	法律状态
1	CN201610053629.1	业务实现方法及装置	2016-1-26	实质审查
2	CN201630030062.7	用于移动终端的图形用户界面	2016-1-27	授权
3	CN201630032298.4	用于移动终端的图形用户界面	2016-1-28	授权
4	CN201611146660.6	基于增强现实的虚拟对象分配方法及装置	2016-12-13	实质审查
5	CN201711387928.X	基于增强现实的虚拟对象分配方法及装置	2017-12-20	实质审查
6	CN201910073692.5	基于电子凭证的互动方法及装置、电子设备	2019-1-25	实质审查

阿里巴巴在"集福卡分红包"方面一共布局了6个专利。相关专利布局如图2-1所示。

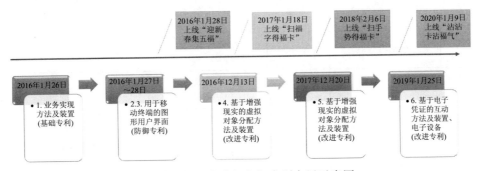

图 2-1 "集福卡分红包"专利布局示意图

阿里巴巴的这些专利是分步完成布局的，其中序号1的专利为基础专利，是"集福卡分红包"玩法的最基础构成，随后的序号2和3的GUI（图形用户界面）外观设计专利则为防御型专利，主要用于防止竞争对手抄袭界面，这3个专利都是在活动上线前提交的申请。序号4、5和6的专利均为新玩法专利，为改进型专利，属于基础专利的外围专利，也都是在每一次新玩法上线前完成的专利申请。最后阿里巴巴围绕"集福卡分红包"这一活动完成了从基础到外围、从进攻到防御、从核心逻辑到新鲜玩法等不同层面的专利布局。

阿里巴巴也对"蚂蚁森林"这一公益项目进行了专利布局。阿里巴巴对"蚂蚁森林"申请的19项专利，如表2-2所示。

表2-2 "蚂蚁森林"公益项目相关专利列表

序号	申请号	法律状态	专利名称	申请日期	针对活动
1	CN201610717756.7	授权	一种数据处理方法及装置	2016-08-24	互联网服务
2	CN201810258438.8	实审	一种数据处理方法及装置	2016-08-24	预设周期
3	CN201810259881.7	实审	一种数据处理方法及装置	2016-08-24	互联网服务细化概括
4	CN201810259301.4	实审	一种数据处理方法及装置	2016-08-24	网上缴费
5	CN201810259305.2	实审	一种数据处理方法及装置	2016-08-24	网上票务
6	CN201810258454.7	实审	一种数据处理方法及装置	2016-08-24	网上预约
7	CN201810259882.1	实审	一种数据处理方法及装置	2016-08-24	网上支付
8	CN201810259288.2	实审	一种数据处理方法及装置	2016-08-24	步行
9	CN201810258434.X	实审	一种数据处理方法及装置	2016-08-24	获取能量
10	CN201810259840.8	实审	一种数据处理方法及装置	2016-08-24	虚拟道具
11	CN201630419211.9	授权	用于移动终端的图形用户界面	2016-08-24	界面
12	CN201630419190.0	授权	用于移动终端的图形用户界面	2016-08-24	界面
13	CN201630419638.9	授权	用于移动终端的图形用户界面	2016-08-24	界面
14	CN201630419639.3	授权	用于移动终端的图形用户界面	2016-08-24	界面
15	CN201630559375.1	授权	用于移动终端的图形用户界面	2016-11-17	界面

(续)

序号	申请号	法律状态	专利名称	申请日期	针对活动
16	CN201730110372.4	授权	用于移动终端的图形用户界面	2017-04-06	界面
17	CN201730173231.7	授权	用于移动终端的图形用户界面	2017-05-11	界面
18	CN201711334828.0	实审中	一种数据处理的方法、装置及设备	2017-12-14	识别低碳商家
19	CN201930237987.2	授权	摆件套件（蚂蚁森林Q萌插件套装）	2019-05-16	摆件

"蚂蚁森林"的19项相关专利中，发明专利有11项，外观设计有8项（其中7项外观设计是GUI专利），申请日显示为2016年8月24日的专利共有14项，序号2~10的9项专利申请号的年份代码为2018年，这9项专利是CN201610717756.7专利（下称7756号专利）收到办理登记手续通知书之后申请的。阿里巴巴运用了《中华人民共和国专利法实施细则》第四十二条中的规定主动进行了9个专利的分案申请，而这9个分案申请分别是将7756号专利中具有特色的细化技术方案（获得好友的能量、虚拟勋章和真实种树等）剥离出来，然后再申请一次，从而形成了10个专利，覆盖了主要技术点，形成了上位和下位的立体保护。

阿里巴巴的专利创造和保护模式，实际上是对技术方案的深入挖掘，并对产出的专利技术点进行了深度的交底，从而为形成系列专利构成的专利组合奠定了基础。阿里巴巴采用了一定的专利布局模式和手段，从而让专利布局的成效性得到了增强。下面本书从专利挖掘的操作、专利技术交底书的撰写、专利布局类型和专利组合等方面介绍企业专利创造和保护方面需要注意的事项。

2.1 专利挖掘的操作

按照目的进行分类，专利挖掘可分为成果保护型和包围拦截型。成果保护型是指将创新成果挖掘布局专利以构建法律化的权利围栏，保护企业的成果不容易被他人无偿抄袭复制。包围拦截型是指针对竞争对手的技术或产品路线进行研究，通过相应的专利挖掘规划和技术研发策略，提前设置包围专利，从而干扰和遏制竞争对手的专利策略。

无论是成果保护型还是包围拦截型，其本质都是基于挖掘目的挖掘出合适的发明点并形成相应的专利权。专利挖掘的基本操作思想是从宏观、布局、组合以及风险的角度选取切入点和挖掘重点。

2.1.1 基本操作思想

1. 基于产业和技术宏观发展的角度

专利具有技术和法律双重属性，由于专利的特性，其技术的专业性往往较高，从而容易导致挖掘的时候过于注重技术细节，而缺少对产业、技术层面宏观视角的把握，导致挖掘的方向过窄，形成的专利过细，在维权的时候保护的力度不够。

在进行专利挖掘的时候，尤其不要受限于企业当前的规模地位、发展状态和产品技术，而应该跳出企业当前的视野，从产业链、技术链的高度，把握产业和技术的上下游，从而奠定专利挖掘的关键和重点。优秀的专利挖掘往往都把眼光放得很长很远，例如苹果对于 iPhone 手机的专利挖掘，就从产业和技术宏观发展的角度，涵盖了触控技术、界面设计、系统控制、应用生态、产品外观、图标设计等技术，关联了零部件生产商、手机生产商、网络服务商、软件开发商甚至其上下游，专利类型包括了结构专利、用途专利、算法专利、产品外观设计专利、GUI 外观设计专利等，形成了一个严谨的专利布局组合，从而服务于产品的市场竞争，帮助其取得优势竞争地位。

2. 基于现有技术问题和需求的角度

技术发展从来都是承前启后的，专利技术也不能例外。由于专利授权需要评价技术方案的新颖性和创造性，其根本就在于要求该专利技术体现相对于现有技术具有的技术进步和贡献。因此，专利挖掘也应当立足于现有技术的问题和需求，聚焦专利技术相对于现有技术的差异和确定专利技术对于现有技术的真正贡献。

另一方面,在专利挖掘过程中充分考虑现有技术可以使得挖掘出来的技术更具有授权前景。通过与现有技术的充分比较,专利挖掘可以为后期撰写技术交底书和专利申请文件打下基础,并且可以确定与技术贡献相匹配的最优权利保护范围,以避免将非必要技术特征写入独立权利要求而造成权利让渡。

3. 基于培育高价值专利组合的角度

专利挖掘的目的是形成对自己产品和技术的布局或者对他人产品和技术的包围。这决定了专利挖掘不应该进行孤立、散落的技术点的挖掘,而应该培育建立起相互支持、相互补充的专利组合。对于技术发明点,企业应当区分层次、核心、基础、外围、应用,进而确定每一件专利的作用及其重要性,并且应当分清核心专利、基础专利、外围专利和应用专利,以便在后续的专利维护和管理中制定不同策略进行有效管理。

上述区分应当立足于产业和技术的宏观发展,并基于企业当前和未来市场竞争的需要,在专利挖掘开始的时候逐步明确,一方面可以根据层次决定给予不同类型专利不同的资源投入,另一方面,基于设定的层次为后续专利的管理、运用和运营、保护环节提供基础的依据。

4. 基于专利信息情报和风险的角度

专利挖掘的过程也是对现有技术检索、比对分析的过程。这个环节会产生对企业经营活动有重要参考价值的专利信息情报,可以揭示当前企业从事的领域、产业的相关专利情况,以及专利的风险点。因此,在专利挖掘过程中注重专利风险的早期识别,可以帮助企业及早调整技术方案、改变技术方向或者采取替代技术手段,既能减少技术研发的沉没成本,又能节省技术研发的宝贵时间,还能对企业无法规避的专利风险及早采取措施,抓住一切可能的机遇窗口适时进行妥善应对。

上述基本操作思想是企业在专利挖掘的时候可以遵循的一些基本理念。企业应该在投入有限的基础上,抓住专利挖掘的重点,在兼顾经济性和操作性的基础上,力求完成高质量的专利挖掘,从而为企业的专利工作打下坚实的基础。

2.1.2 基本操作流程

专利挖掘本质上是收集一定数量的发明构思，并筛选过滤掉明显不适合申请专利的创意和构思，进一步深入挖掘保留下来的发明构思，凝练发明点，推动形成交底书，从而从整体提升专利挖掘的效率和效果。

因此，专利挖掘一般可以分为收集发明构思，筛选和凝练发明构思，深挖发明点，撰写和评估技术交底书阶段。专利挖掘流程如图2-2所示。

收集发明构思	构建合适的收集机制，包括征集模式（分散式、集中式）、提交渠道、收集形式等
筛选和凝练发明构思	根据企业战略规划制定相应的筛选标准，并对收集的发明构思进行分类、过滤、粗筛，得到具有进一步挖掘价值的发明点
深挖发明点	对发明构思的技术进行技术特征分解，找出必要技术特征，并进行科技查新和风险排查，根据检索结果对发明点进行提炼补充
撰写和评估技术交底书	构建技术交底书模板，从而让技术人员尽可能可能完整、清楚交代技术方案。对于交底书的技术方案要进行再次评估，包括可专利性、技术和市场恰当性等

图 2-2 专利挖掘流程图

1. 收集发明构思

发明构思的收集并非简单组织人员提出各自发明构思，而应该在统筹把握企业技术基础、研发能力、运营模式、发展愿景等情况的基础上，通过设计符合企业实际运行机制的发明构思征集、提交、收集机制，形成具有一定方向性，无偏见的收集过程。

在构建收集机制方面，企业应当考虑建立规范的收集模式，包括征集模式、提交渠道和收集形式。

企业应当根据自身特点灵活设计征集模式，一般来说，有分散式征集和集中式征集两种模式。

分散式征集是指通过发布征集通知,由相关人员根据征集要求自由构思。分散式征集的优点是可以让提交人员处于放松的状态,可以自由、开放地进行思考,从而可能产生一些富有创造性的发明构思。缺点则是缺少组织,容易发散过度,或者过分松散,缺少引导,形成的发明构思质量较差。

集中式征集是指挖掘人员组织征集活动,例如组织"头脑风暴""创新游戏"等,发明构思的提交人员可以在会场就某一主题,发散思路,形成构思。集中式征集的优点是可以通过特定主题引导发散思路,从而让构思具有一定的方向性。缺点就是容易束缚提交人员的思路,且提交人员提出构思之间容易相互干扰。

2. 筛选和凝练发明构思

发明构思可以来自研发项目,也可以来自非研发项目。需要指出的是,企业应该根据自身发展的规划和策略来对待不同来源的发明构思,例如企业的发展规划是聚焦主业,深耕业务相关技术,那么应该更重视来自研发项目的发明构思;如果企业的发展规划是开放创新,允许横向跨界,那么非研发项目的发明构思也应该得到充分重视。因此,企业的规划和策略决定了对发明构思的筛选和凝练。

即便是源于研发项目的发明构思,因为研发项目的技术领域、技术问题的不同,技术人员的技术水平和专业素养也不同,导致发明构思的水平也不尽相同。发明构思筛选的目的是初步过滤筛选出具有一定价值的发明构思,以提高后续流程的整体效率。发明构思筛选涉及以下几个方面的注意事项:①知识产权主管部门应当协同相关部门一同进行筛选和确认;②筛选人员可以是业务骨干或者知识产权工作的积极分子,确认人员可以是各部门领导;③制定与企业战略规划相符合的筛选标准,且标准应当按照参与部门的职责合理分配;④筛选剩下的发明构思可以适当地进行共享。这些发明构思既可能会被进一步完善或作用于现有的产品、技术研发,又可能成为未来专利挖掘的基础数据。

3. 深挖发明点

经过筛选后的发明构思还不能进入专利撰写环节,因为发明构思的可专利性尚未得到确认，另外发明点、技术方案的完备性也需要得到进一步提升。

深挖发明点是专利挖掘的一项核心工作，也是技术性非常强、工作量比较大的工作。发明点挖掘的好坏，直接决定专利挖掘和布局的成效。

一般而言，这个环节可以包括：分解技术特征、科技查新和风险排查、凝练补充发明点。

分解技术特征是指，对发明构思的技术方案，从解决技术问题的角度，把技术特征概括出来，并且判断出解决技术问题的最基本技术特征的集合，也就是解决技术问题的必要技术特征。

科技查新和风险排查是指，对分解概括出来的技术特征，进行查新检索，判断是否有包含公开过的相同或相近技术特征组合的专利、论文和报道等。如果没有，那么说明该发明构思的新颖性和创造性具有较高的水平；如果有，那么需要评估影响，针对新颖性、创造性，从技术问题、特征比较、结合启示等方面进行分析，判断可专利性的水平；同时，如果可专利性的水平较低，而影响的是一篇授权或审查中的专利，那么意味着研发项目可能涉及专利侵权的风险，应当作为风险排查的一个工作重点及时处理并汇报到研发项目组，以便及时调整研发技术方案和方向。

科技查新工作主要由知识产权工作人员完成，必要时可以与研发人员一起进行，并应当设计模板化的查新检索报告，将检索和分析结果以报告的形式固定下来，以方便后期追溯和共享。

凝练补充发明点是指，基于科技查新和分析结果，有目的性地凝练发明构思的发明点，并从可专利性的角度，对其进行进一步的补充扩展。当发明构思通过科技查新和分析，确定了其具有较好的可专利水平之后，那么第一环节中对于发明构思分解获得的技术问题和对应技术特征集合就可以认为是挖掘出来的发明点，同时基于科技查新和分析，进一步明确针对所确定的技术问题并扩展对应技术特征集合，例如替换技术特征是否可达到相同或相似的技术效果，采用其他技术路线是否也可以解决该技术问题等，从而对发明点进行补充，形成基于确定的技术问题和基础发明点的更多发明点的挖掘和补充。

凝练补充发明点应当由知识产权工作人员主导，研发人员配合完成，其中知识产权工作人员主要负责基于检索分析后发明点的确认，补充角度的提出；

研发人员主要负责对补充角度的确认和实际方案的补充。通过凝练和补充发明点，实现对发明构思的可专利性补充，提高专利挖掘的深度和广度。

4. 撰写和评估技术交底书

技术交底书（简称"交底书"）是专利挖掘最为重要的输出结果，是专利申请的基本材料之一，也是申请专利前进行评估工作的主要对象。交底书的撰写一方面要依托于收集、筛选、凝练、检索完善发明构思等步骤的成果，另一方面也需要遵循技术交底与专利撰写的衔接规律。关于撰写的技巧和注意事项在下一节内容中将展开介绍。下面主要介绍涉及交底书的一些流程操作要点。

交底书作为连接发明构思和专利申请之间的桥梁，应当具有两方面兼顾属性。

一是技术方案的可模板性。通过模板化构建对技术方案完整的交代，包括技术问题、技术方案和技术效果，从而尽可能完整地、格式化地交代清楚技术方案。采购模板化的交底书应该充分考虑技术方案领域、企业业务特点，并兼顾交底书撰写人员的水平，例如机械类技术方案和化学类技术方案，由于领域不同，其交底书模板也应当有所侧重。

二是技术方案的可专利性，体现前期对发明构思挖掘评估的成果，包括筛选评价、凝练、科技查新对比和评估等信息，从而更好地对技术方案的可专利性预期进行评估。

企业对于交底书还应该进行必要的评估工作，因为交底书作为重要的挖掘成果和企业内部信息，一旦决定撰写成专利申请，其信息就会从内部走向外部，而这个过程是不可逆的，对其中可能产生的风险应当进行评估确认。

一般而言，企业应该设立一个常设机构对交底书进行评估，以保证评估的一致性、持续性和有效性。很多企业会设立技术委员会，负责公司技术层面工作的评估。企业可以考虑在其中设立专利评审委员会，或由技术委员会兼任，主要根据企业的实际情况决定。评审组织成员应该包含专利角色、技术角色，并最好包含市场角色，这是因为评估的维度应该包含交底书的可专利性、技术恰当性和市场恰当性等。

交底书的可专利性就是指评估该技术方案是否符合可专利性的基本判断，并且具备一定的获得授权的预期。

交底书的技术恰当性是评估该技术方案是否适合作为专利申请而公开，尤其是对于涉及一些具体技术指标、技术诀窍等特征，应当考虑技术秘密的保护方式，而不能唯专利保护一种方式。技术恰当性也包含对交底书技术方案描述的恰当性进行评价。

技术交底书的市场恰当性是评估该技术方案对于市场的影响力，包括区域影响、时间影响和范围影响等。市场恰当性的评估是决定专利申请的投入的重要指标，例如该技术覆盖的产品或业务包含国内和国外，且国外的业务占比较高，那么基于市场恰当性，该交底书的技术就有必要考虑全球化布局；而如果与该技术相关的业务仅在国内，由于区域原因也很难推广到国外，那么其重点则只需在国内布局即可。

2.2 技术交底书的撰写

技术交底书是专利挖掘工作的重要成果，是企业知识产权管理工作中技术信息的重要载体之一。发明人通过交底书将前期挖掘的信息传递给专利撰写人员，在这个信息传递过程中，交底书的作用就是尽可能完整地、全面地将发明构思以及前期挖掘的相关信息进行传递，避免信息丢失和信息错误的传递。因此，撰写交底书应当遵循一些基本要求、格式以及撰写原则。

2.2.1 交底书基本要求

1. 交底书所述内容应当清楚、完整、能够实现

交底书应当主题明确并且用词准确。技术主题是指专利保护的对象，应当是明确的，比如一种产品、一种装置、一种系统、一种器件、一种方法、一种计算机存储介质、一种计算机程序都是清楚的保护主题，但如果写成一种技术就是不明确的专利保护主题。另外，交底书的内容应用词准确。技术术语的表达要前后一致并使用法定计量单位。交底书应该尽量避免使用自造的词汇，对非通用的技术词汇应使用表格进行汇总并解释说明。

交底书应当完整。交底书应该至少包含对现有技术问题、解决方案和技术效果等方面的阐述。实用新型专利应有附图，外观设计专利应有相关规定的视图等。

交底书应当能够实现。本领域技术人员能够依据技术交底书的阐述，无须创造性思维和劳动，即可再现发明的技术方案，并能产生预期技术效果。以下几种情况会造成交底书的内容无法实现。

- 交底书中只给出任务、设想或者只表明一种愿望或结果，而未给出任何使所属领域技术人员能够实施的技术手段。
- 交底书中给出了解决手段，但对所属技术领域的技术人员来说，该手段是含糊不清的，根据交底书记载的内容无法具体实施。
- 交底书中给出了解决手段，但所属技术领域的技术人员采用该手段并不能解决所述的技术问题。
- 交底书包含多个技术手段构成的技术方案，对于其中一个技术手段，所属技术领域的技术人员按照说明书记载的内容并不能实现。
- 交底书中给出了具体的技术方案，但未提供实验证据，而该方案又必须依赖实验结果加以证实才能成立。

交底书不清楚、不完整以及不能够实现可能会让撰写的专利存在缺陷，导致不能授权或者容易被无效。一般而言，如果企业能够按照前一节专利挖掘的操作进行，基本可以避免交底书存在的不清楚、不完整和不能够实现等缺陷。

2. 交底书应当重点突出（提高效率）

交底书应当重点突出，是指交底书应该着重对发明点进行详细描述，包括技术问题、技术方案和技术效果的逻辑联系、技术方案中的多种技术手段的替代逻辑等，而对于诸如背景技术、技术方案中的现有技术特征等可以暂时简略描述。

重点突出是为了让交底书的阅读者能够尽快地把握交底书技术方案的发明点，提高交底书阅读效率，将更多的时间和精力聚焦在发明点的沟通和挖掘。

3. 交底书应当遵循 3T 撰写原则

交底书是撰写专利申请的基础素材，因此在撰写的时候应当尽可能采用专利申请的逻辑思维，如 3T 撰写原则。

3T 撰写原则是指，在撰写每个具体技术点时，要写清楚该技术点解决的技术问题、采用的技术手段以及相应达到的技术效果，确保形成三者之间的严格对应关系。这样逻辑性、原因关系就会很强烈，而且有利于专利撰写人员把握技术方案的专利申请逻辑，为专利撰写、审查意见答复建立更好的基础，从而提高专利授权概率。

另外，企业在撰写报告的时候应尽可能配上图，用图形来阐释技术特征之间的逻辑关系。配图包括流程图、结构图、设计图、剖面图、实施例示意图等。一方面交底书阅读人员可以通过配图快速理解技术特征之间的逻辑关系，另一方面配图也是专利撰写的基础材料，可以出现在后续专利申请的说明书附图、摘要附图等内容中。

2.2.2 交底书的分类

1. 基于内容的分类

基于交底书记载技术方案的内容、主题，企业可以将交底书分为电学类、机械类、化学类；结构类、方法类；产品类、工艺类等。因为内容的不同，基于内容分类的交底书是有所侧重的。

以电学类内容为例，其涵盖了通信、互联网、电子产品等领域，其主题包括设备、装置、系统、模块、生产工艺或测试方法（电子产品）、控制方法、商业方法（基于电子）等。结合电学内容和专利撰写方式，又可以归类成两大类：硬件装置和运行方法。硬件装置涉、元器件及在元器件之间的信号传输关系，最直观的表达就是电路原理图，以及对原理图中各个元器件的功能概括，因此在交底书撰写的时候，清晰完整地描述这部分的内容就很重要。而对于运行方法，尤其是软件或商业方法，特别需要注意方法流程与具体物理技术特征的结合，避免落入智力活动规则，而不属于专利保护客体的规定。

2. 基于形式的分类

发明专利和实用新型专利的交底书是比较类似的，最大的区别是，实用新型专利必须附有附图，因此交底书也一定要通过图形来将技术方案结构描述清楚。发明专利不一定需要图形，但是交底书也建议对方法流程、微观结构等，通过一定的视图来辅助表达，让阅读者更容易明白技术方案的技术细节。

外观设计专利对于图形的要求是最高的，至少要包括前视图、后视图、俯视图、仰视图、左视图、右视图和立体图，要求保护图案的，应提交展开图和立体图；要求保护色彩的，应提交彩色和黑白照片或图片。图的大小在 3 厘米 ×8 厘米到 15 厘米 ×22 厘米之间。图片上不能出现阴影或虚线，照片的背景只能有一种颜色，而且照片上除了所要求的外观设计外，不能有其他任何物品。另外，不管提交的是图片还是照片，各视图都必须是正视图。

由于发明专利和实用新型专利，与外观设计专利要求差距较大，一般分成两类不同的交底书模板来撰写。

3. 基于用途的分类

根据所记载技术方案评审的优先级和用途，可以将交底书分为核心保护、外围应用、规避设计等类型，不同类型的交底书，对应不同的优先级和用途，各有侧重。

核心保护型交底书，记载的是评估优先级最高，往往是作为核心用途的技术，例如用于诉讼、谈判、许可等，对专利稳定性、保护范围、布局区域、布局数量、维持年限等都有较高的要求。这一类交底书的保密级别较高，因此可以考虑由企业的高水平的知识产权工作人员撰写，或者由企业知识产权工作人员与外部代理机构资深专利代理师一起撰写，目的是尽可能控制专利，对发明点、保护范围进行深入挖掘，对技术特征进行深入的检索分析，逐个讨论，对技术方案的多种实施例进行反复推敲，对技术手段进行最大限度的概括，布局足够多的实施例支撑申请的范围，力争形成保护范围较大、权利较稳定的一套或多套权利要求组合。由于有着这样的高要求，核心保护型交底书所获得的资源优先级一般是较高的，投入也是较高的，因此期望产出也是较高的。

外围应用和规避设计分别是用于对核心保护型的补充，以及对他人已有专利权的风险规避。外围应用功能体现了对核心保护的尽可能多的外围扩展和应用功能的补充，避免外围和应用方向的技术方案被他人申请，从而对自己的实施造成阻碍。因此外围应用主要强调贴合企业的具体实施方式，且数量可以适当较多，对于保护范围和稳定性要求要比核心保护型下降一个层次。规避设计型是针对他人专利权的一种突破后产生的,主要用于对突破技术路线的保护,同时也是对他人专利的主动布局和技术路线封锁,对企业实际经营起到一定的防范作用,也是与他人专利权产生纠纷的时候重要的谈判筹码。因此,这两类的交底书一般与企业实际经营活动结合较多。企业在撰写交底书技术方案内容的时候应更多考虑如何与企业产品、服务更好地对接。

2.2.3 交底书的格式要素

由于外观设计交底书主要涉及视图的规范性,在交底书格式要素上要求不多,这里不做展开介绍。对于发明专利和实用新型专利,交底书则对应于专利申请的撰写,参照交底书的模板,介绍其格式化要素。

发明名称:

技术问题联系人:

联系人电话:

1. 本发明要解决的技术问题是什么,该技术属于哪个技术领域(简单介绍,一个自然段)?

2. 详细介绍技术背景,并描述已有的与本发明最相近的实现方案(背景技术及现有技术方案应详细介绍,以不用再看文献即可领会该技术内容为标准,如果上述现有技术出自专利、期刊、书籍,还应尽可能提供出处)。

3. 上述现有技术的缺点是什么?是具体什么原因导致了上述的缺点(本部分应依据事实做客观评价,不得有夸大、恶意贬低的情形)?

缺点是:

导致原因:

4. 针对上述现有技术的缺点,说明本发明的目的(客观评价):

5. 本发明技术方案的详细阐述,应该结合各种图形进行说明,图形应直观明了(本部分的描述应尽可能详细,且不得少于两页;发明中每一功能的实现都要有相应的技术实现方案;所有英文缩写都应有中文注释;所有附图都应该有详细的文字描述,以别人不看附图即可明白技术方案为标准;附图中的关键词或方框图中的注释都尽量用中文;方法专利都应该提供一个流程图,并提供相关的系统装置)。

技术方案改进设计如下:

(若不够书写,请另以附页附上)

6. 本发明的关键点和欲保护点是什么?对于每个关键点和欲保护点,本发明与现有技术的实施方案是怎样的,两者有哪些不同之处?(本部分应简单介绍,两三个自然段即可,重点放在把本发明的关键技术与现有技术做比对,并做客观评价;该比对应是具体技术手段的比对,而不能仅仅是功能上的比对)

与现有技术相比较,本发明有哪些优点,每项优点是因为本发明采用了什么不同于现有技术的技术手段来实现的(结合发明内容简单介绍,一两个自然段即可)?

7. 其他(若有附图或其他需要说明的事项,请另行附于本资料后)

1. 发明名称

名称主要是用于反映技术交底书的技术内容，以及确定技术方案的属性，例如方法、装置、系统、组合物、用途等，但是这并不一定是专利的名称或主题。

2. 所属技术领域

所属技术领域反映技术方案直接所属或者可以应用的具体技术领域，主要用于帮助阅读人员了解本技术方案所应用的场景，以及在检索、确定最接近现有技术的时候提供参考。

3. 背景技术及技术问题

背景技术和技术问题主要是对当前现有相关技术的描述、分析和评价。发明人作为本领域的专家，出于对本领域现有相关技术的理解，发现了存在的技术问题，从而存在解决或改进技术问题的动机，才会进行研究，获得相应的技术方案。交底书中的背景技术，可以是引用发明人所了解或者参考过的对比文件，例如专利文献，也可以是论文等文献。

对现有技术的说明应当清晰、具体和有针对性。对于具体的文献，企业应写明出处，或者列出可以查找到的信息，例如专利的公开号、论文的名称、期刊名和出版日期等。企业应对现有技术进行具体的描述，例如使用的方法等，然后要将其与本技术方案的发明点相结合，客观地指出现有技术存在的问题和缺陷，并且表明该问题和缺陷应该是本技术方案所能够解决的。

背景技术和技术问题是本技术方案提出的引子。改进的动机和出发点作为交底书阅读者理解发明动机的重要基础，也是作为检索、评价交底书可专利性的参考之一。

需要指出的是，交底书交代的背景技术和技术问题，经过检索、分析和评估，可能会进行修改。例如，企业通过检索发现了与本交底书方案类似的现有技术方案已经存在，所以该技术问题已经被克服，但是本交底书的某个改进实施例，进一步改进了其中的缺陷，因此可以把新检索到的现有技术方案列入背景技术，而把改进的缺陷对应的技术问题作为新的技术问题。

4. 解决所述技术问题的技术方案

技术方案是交底书中最重要的内容，是企业结合背景技术和技术问题而提出的解决方案。技术方案要求清楚、完整、准确地将能够解决技术问题的技术手段描述出来，让本领域的一般技术人员在阅读后能把相关的技术实现出来。技术方案与名称一般具有对应关系。如果名称为一种方法，那么技术方案应当以方法步骤作为主要技术手段。同理，如果名称是一种装置，那么技术方案应当以部件以及其连接关系作为主要技术手段。由于技术方案是技术手段的集合，因此往往需要配合附图进行说明，如果有多个实施例，可以配多个附图，并分别说出不同实施例之间的差别，以及该差别可以带来的其他技术效果。如果有多个不同的技术方案也可以实现相同或相似的技术效果，那么也要分别列出来，便于撰写的时候对技术特征进行概括，获得更大的保护范围。

5. 技术效果

不同于简单地介绍背景技术，技术效果是交底书技术方案的有益效果。技术效果与技术问题相对应，或者是技术问题以外，还可以获得的效果。技术效果的描述应当清楚、准确、符合逻辑，用于帮助撰写人员理解技术特征与效果之间的对应关系，也可以在答复审查员指出的缺陷的时候，对技术效果提供支撑。因此，交底书在撰写技术效果的时候，不要仅仅局限于克服前述技术问题对应的角度，而要聚焦所有技术方案的所有技术特征，尽可能囊括更多的改进效果，从而帮助说明每一个技术特征的改进意义。

6. 本技术方案最想获得保护的技术点

最想获得保护的技术点，是从发明人自身的角度提出的保护要求，方便交底书阅读人员更好地把握技术人员的思维和要求，能让阅读人员从技术人员的角度审视技术方案。另外，最想获得保护的技术点能够帮助撰写人员从企业需求的角度来审视交底书记载的技术方案，从而站在企业需求的角度来进行撰写，更能匹配企业的需求。

7. 附图

附图一方面让交底书更易于阅读，能让人更加准确地理解技术方案，另一方面也是专利申请文件中的重要组成部分，如说明书附图、摘要附图等。附图应当绘制清晰，并提供附图说明和相应的标记，如结构剖视图、方法流程图等。在文字说明中引用附图标记能进一步清晰地说明相互之间的关系。

企业在撰写交底书的时候，除了注意上述格式要素，还要注意表述和用语的规范性、一致性，比如不要出现广告词汇，或者明显的型号信息（需要特别说明的除外，例如为了说明效果，采用了测试方法，表明采用的测试用材料牌号）。前后用语不一致会造成理解困难，降低效率，也可能会造成企业将该错误信息带入到撰写的专利申请文件中，从而会影响专利申请的质量。

交底书作为专利撰写的基础素材不是一蹴而就的。专利撰写人员在阅读了交底书后，往往会发现存在一些文字、附图表达不清楚，理解不到位的地方，或者经过检索发现发明点描述不够突出，技术效果描述不符合逻辑等问题，这时候需要企业进一步完善交底书，补充需要说明的内容，甚至补充技术方案，获得更加明确的发明点，因此交底书可以经过反复讨论并不断完善。

2.3　专利布局的类型

专利布局是指企业通过综合产业、市场和法律等因素，对专利进行有机结合。专利布局涵盖了时间、地域、技术和产品等维度，构建了严密高效的专利保护网，最终形成对企业有利的专利组合。

作为专利布局的成果，企业的专利组合应该具备一定的数量规模，保护层级分明、功效齐备，从而获得在特定领域的专利竞争优势。

在当今市场竞争下，专利布局是技术先导型领域和企业知识产权工作中最重要的一环。很多企业在这个环节中投入了大量的人力物力，力求通过专利布局的方式，巩固自身研发成果，并且利用布局的专利抢占市场制高点，获取竞争优势地位。例如在5G通信领域、新药研发领域，专利布局尤其常见且重要。

在通信领域，当前最热门的当属5G通信，而通信领域中最具威慑力的是标准必要专利。标准必要专利，是指厂家在制定标准的过程中提交的技术提案里的专利不可替代，或者在产品依据相关标准开发时在技术层面无法避开。为此，高通、华为、爱立信等通信巨头都在这方面投入了大量的人力和物力进行研发，进而根据研发成果进行专利布局，形成专利组合，保障该技术成为标准之后，具有足够好的专利布局，避免被他人进行专利技术规避。

2019年4月，德国专利数据公司IPlytics发布最新的5G专利报告。这份名为《谁在5G的专利竞赛中领先》的报告指出：截至2019年4月，中国企业申请的5G通信系统标准必要专利件数占全球34%，比其4G专利的份额增加了50%以上。其中，华为更是拥有15%的标准必要专利，为世界5G专利龙头。最新的无线通信标准可以高速处理大量数据，对于自动驾驶系统等技术的开发至关重要。无论谁控制了最多的5G标准必要专利，都可能在新一代先进行业的竞争中脱颖而出。5G标准必要专利排名如图2-3所示。

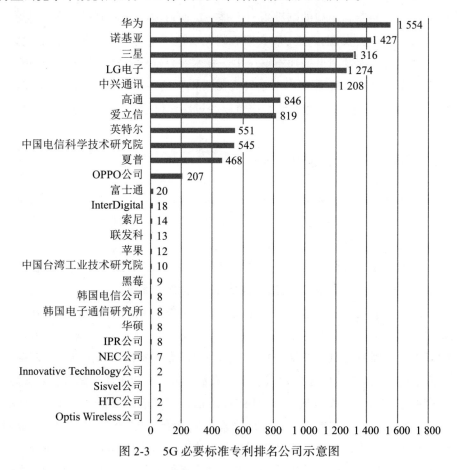

图2-3　5G必要标准专利排名公司示意图

企业进行专利布局不是知识产权管理部门独立完成的，通常会涉及四个主要的部门或内部主体：知识产权管理部门、公司管理层、市场部门和研发部门。其中，知识产权管理部门在整个专利布局过程中起到很重要的主导和推动作用。

2.3.1 布局的基本思想

1. 领先的布局思维

企业布局专利是为了谋求未来市场优势竞争地位，是基于对未来的技术竞争的一种布局手段，因此，企业应当以对未来市场、技术和竞争的前瞻性判断，作为专利布局的指导思想。企业需要具备领先的布局思维。

领先的布局思维需要企业结合自身的发展规划，以及对外来市场的发展判断，并以企业的技术、产品为基础，结合企业研发项目、投入、产品、市场规划等要素，制定未来一段时间的专利布局规划，来指导相关的专利申请工作。

领先的布局思维还需要企业具有动态的思维判断能力，结合技术演进趋势、市场需求发展变化等外在因素，判断和调整企业的专利布局规划。在这个过程中，知识产权管理部门应当与市场部门和研发部门定期进行专利布局规划的确认会，从研发端和市场端定期检验、校正专利布局规划，让其保持领先的布局思维。

例如在手机行业，产品的基本功能已经从通信延伸到移动端的各种应用功能，那么产品的用户体验就不再局限于手机通话质量好坏，而更多地取决于如何在各种应用功能层面抓住用户的需求，从而延伸出拍照手机、音乐手机等功能细分手机。手机厂商在进行专利布局的时候，就需要采用领先的布局思维，要在用户还没有意识到需求的时候，创造出需求，并提前完成专利布局。在这一方面，我国的手机厂商OPPO在2020年发布的卷轴屏概念机上，就提前布局了122项专利，其中卷轴结构的相关核心专利12项。OPPO公司通过卷轴屏的方式，克服包括折叠屏在内的传统固定尺寸屏幕，使得屏幕可在最小和最大尺寸之间实现无级调节，为生产、娱乐、日常使用等多方面带来了更多可能。这是布局思维的一项成功应用。

2. 明确的布局方向

专利布局的目的就是帮助企业提高市场竞争地位，因此企业所布局的专利应当与企业的竞争领域相关，专利布局的方向应当与企业未来一段时间的竞争策略密不可分。

企业在专利布局前，通过对领域专利和竞争对手的专利进行检索和分析，可以明确在布局前所面临的已有专利、专利申请所形成的障碍和潜在威胁，以及产品、技术上下游专利链条的脉络，那么企业就需要据此明确布局的突破方向。企业可以把维护、巩固现有优势技术作为突破方向，也可以判断出技术趋势，提前布局未来技术的空白点，还可以根据检索分析的结果，围绕他人核心专利，进行外围应用专利的提前布局，从而获得竞争性筹码。

专利布局方向是专利布局规划在执行层面的具体化，因此方向应该是明确的、具体的，具有实操指导作用的。企业知识产权管理部门应该对专利布局方向负有直接责任。企业知识产权管理部门应该基于专利布局规划，结合检索、分析获得的情报信息，制定出具体的专利布局方向，用于指导整个专利布局工作。

以 OPPO 公司的卷轴屏概念机为例，其专利布局前，一定是对领域内专利和竞争对手专利进行了详细的检索分析，对比了可能的产品、技术形式，在研发端尽可能进行可规避的研发设计，从而在避免侵权的同时，让研发成果具备可以布局的明确方向，例如除屏幕具备柔性、可卷轴以外，还要考虑在结构堆叠方面，摄像头、电池、扬声器、天线相互之间的影响。

3. 反向思维的布局理念

专利布局最终的作用是在竞争层面发挥钳制作用，因此专利布局应该从一开始就站在竞争对手的角度，来审视专利布局的合理性，挑战专利布局的有效性，也就是需要使用反向思维，来制定和推动专利布局的具体工作和任务。

反向思维的布局理念，通常包括以下方面。

布局的专利是否可以产生威胁。企业应考量所布局的专利能否在专利侵权诉讼中具有有力的威胁，例如专利保护范围恰当地涵盖了竞争对手涉嫌侵权的行为，能够较为容易、清晰地举证竞争对手涉嫌侵权的行为，以及能够较为容易、有力地提出索赔证据等。

布局的专利是否容易被无效化。企业应考量所布局的专利的稳定程度。一般而言，竞争对手感受到专利的威胁后，都会采用无效的手段来抗击这种专利威胁，甚至竞争对手的知识产权部门还会针对发现有威胁的专利申请在确权阶段就进行干预，因此企业在布局专利的时候，在专利申请环节就需要考虑专利权的稳定性，让专利的保护范围尽可能涵盖竞争对手可能的产品和技术，并在撰写、答复环节尽量少产生专利权瑕疵，提高专利权的稳定性。

布局的专利是否容易被规避。企业应考量所布局的专利是否可以被竞争对手规避以实现不侵权。利用专利的排他性实现对竞争对手的威胁，是布局专利的重要作用。只有专利的排他性与竞争对手经营的必要性一致的时候，这种威胁才是具有现实意义的，反之，如果竞争对手可以采用其他技术手段绕过专利的保护范围，那么专利的排他性就很难起到足够的威胁力。因此企业在专利布局的时候，要尽可能地反向思考竞争对手可能的规避方式，并布局相应的专利保护范围。

4. 布局投入的衡量

专利布局虽然是服务于企业的经营战略，属于高层次的战略规划之一，但是企业也需要考虑专利布局的投入，尤其涉及海外专利布局，由于海外的专利费用往往较高，且如果业务涉及的海外国家和地区较多，由于专利地域性的特点，布局投入的费用将成倍增加。因此，专利布局就有一个重要的原则：量入为出，适可而止。

另外，企业也应该对自己专利布局的投入制定预算，通过预算来管理费用，其中预算不但包含新布局专利的申请费、代理费等费用，还包括已有布局专利的年费，对其中一些基于长远规划布局的专利，经过评估如果不再适用，就需要通过处置的方式来减少这部分费用的支出，例如专利的转让、许可或放弃等，将资源投入到更加合适的其他布局专利中。

2.3.2 布局的阶段规划

专利布局的成效和领先的布局思维有很大关系。领先的布局思维是通过制定专利布局规划来实现的。通过专利布局规划，企业对专利布局的任务、措施、数量、结构以及执行时间节点等提出了指导和要求，并且将专利布局规划与专利管理规划、企业发展规划等进行有机统一，从而前瞻性地适应外部的技术、行业和市场环境的变化。专利布局规划如表 2-3 所示。

表 2-3 专利布局规划

	短期专利布局规划	中期专利布局规划	长期专利布局规划
定位	当前研发的产品和技术	可预见的产品和技术	战略性的产品和技术
周期	基本和研发项目周期同步	和企业中期规划同步	和企业长期战略同步
一般期限	1～2年	3～5年	5年以上
特点	时效性强	选择性强	全面性强

1. 短期专利布局规划

短期专利布局规划是针对短期市场行为的专利保护行为，最常见的就是跟随产品研发项目进行的专利布局规划。知识产权工作人员在研发立项前参与到项目组中，根据项目的可行性研究报告、现有技术检索分析、立项评审等环节，提出该项目的专利布局规划，并跟随项目的研究、开发过程一起落实规划的专利布局。

由于短期专利布局规划与产品、技术的研发周期同步，因此要求有较为精确的时间轴和工作任务线。一般而言，在研发立项的时候，短期专利布局规划也是作为立项评审依据之一，来确定项目的研发成果、进度和保护的管理要求。

短期专利布局规划注重专利布局的时效性，以及对所研发的产品、技术的保护点覆盖，因此对于专利申请时机、类型、申请渠道和获得授权的预期有着较为严格的要求，需要与产品研发周期、产品上市时间同步。以专利申请时机为例，太早申请，容易被竞争对手察觉，从而泄露研发项目的技术方案和进度；太晚申请，存在被他人抢先申请的可能性，且对研发项目技术的保密性要求较高，同时有可能造成产品上市时无授权专利可用，因此在专利授权前存在保护真空期。

2. 中期专利布局规划

中期专利布局规划是对企业可预见阶段发展的产品、技术和竞争需要下的专利申请布局的总体工作目标。很多企业都会进行 3～5 年的企业发展规划，包括企业产品和技术的发展规划、市场营销和拓展的发展规划等，那么对于这些中期的发展规划就需要制定中期的专利布局规划，来匹配相应的专利竞争需求。

中期专利布局规划不是针对单一产品和市场的，也不是针对全部产品和市场的，是根据企业发展的中期规划，选择其中最关键、最重要、最有需要的产品和市场，进行有针对性的、分阶段和层次的专利布局目标制定和实施。

由于中期专利布局规划的时间跨度一般较长，因此对专利申请布局的时效性要求不高，反而会注重专利布局的形态、专利组合的数量规模和质量要求，对于竞争对手威胁的涵盖面也更广。一般而言，跨区域的专利布局申请也更多的是在中期专利布局规划中涉及。

当专利积累到一定程度，专利管理能力也提升到一定程度后，企业的专利工作者就应当开始制定中期专利布局规划，从未来 3～5 年的时间尺度中规划企业的专利工作开展。

3. 长期专利布局规划

长期专利布局规划是对企业未来专利定位，企业长期知识产权工作目标的体现，也是企业专利战略性布局的重要方面。长期专利布局规划的主要任务是同企业的长期商业发展战略、产品规划路线和专利定位相呼应的，其注重的并不是具体的专利布局工作，而是着眼于提升企业专利的整体价值。

长期专利布局规划的着眼点已经不是单纯的专利申请布局，而是将企业现有的专利以及需要布局的专利作为一个整体，以企业未来发展方向为导向，以提升企业专利的整体价值和作用为目标，进行的全面性的规划和要求。

一般而言，需要制定长期专利布局规划的企业的专利储备数量规模、专利组合的结构分布、专利管理能力和专利工作人员水平等都处于较高的状态，在部分领域中，企业已经具备一定的专利优势甚至处于行业的领先地位，其制定长期专利布局规划的目的就是进一步扩大这种竞争优势，以持续保证领先。

2.3.3 布局的基本类型

专利布局的类型划分，按照布局内容可以分为：基于产品的布局和基于技术的布局；按照布局的作用可以分为基于保护的布局、基于对抗的布局和基于储备的布局。

基于产品的专利布局，是指在产品层面进行的专利布局。根据不同产品选取不同的布局策略，对于某一个或者某一类产品而言，其功能和特性的实现，依赖于其在各个技术点上的具体技术方案的相互配合支撑，例如手机会涉及软件、硬件结构、系统结构、新品、算法等不同的技术点，那么基于产品的专利布局，就是针对这个具体产品上的具体技术点分别进行的有规划、有层次的专利申请。

基于技术的专利布局，是指在技术层面进行的专利布局。技术的产生会扩散到很多应用上，对于一种技术而言，其效果和所解决的问题，是可以在不同产品或者应用上得到类似的实现的，甚至会对一个产业上下游具有很强的影响力，例如 5G 技术就涉及基于 OFDM（正交频分复用技术）优化的波形和多址接入、实现可扩展的 OFDM 间隔参数配置、先进的新型无线技术、网络切片、软件定义网络和网络虚拟化等关键技术点，这些技术点可能在上中下游的不同产品中得到应用，那么基于技术的专利布局，就是针对这些关键技术点进行有规划、有层次的专利申请，就可能影响 5G 技术产业链中不同类型的产品。

至于基于布局的作用的分类，就比较简单了，在布局申请专利规划之前，企业会根据不同的出发点和用途，有针对性地申请这一类专利。

2.3.4 布局的影响因素

影响专利布局的因素可以分为内部因素和外部因素。内部因素是企业自身的状况所决定的，例如企业自身的专利定位和发展规划、现有技术研发能力、支持专利布局的投入等。外部因素是外部环境的情况所影响的，例如产品和技术的市场情况、本领域现有技术的情况、竞争对手的情况等。下面简单介绍这些因素产生的影响。

企业的自身专利定位，决定了专利布局的方向。例如企业将自身的专利定位为防御型，用于保护自己的研发成果和巩固市场占有率，那么专利布局的重点就在于与产品紧密结合，围绕着产品的方方面面进行细致的专利申请；如果专利定位为竞争型，随时准备好通过对外的专利运作来实现经营目的，那么就需要侧重于对市场上当前和未来关键技术的提前布局，并且专利申请要充分考虑维权和取证等方面的便利性。

现有技术研发能力，决定了技术方案产出质量，进而影响专利布局的质量。无论是针对现有产品的布局，还是针对未来关键技术的布局，都需要有一定基础的技术研发能力作为支撑，对申请技术方案和现有技术的对比、区分、挖掘和延伸等，都需要有技术力量的参与和接触。针对维权层面的专利布局需要在申请的时候对技术特征进行概括。权利获取过程中范围的权衡，以及维权取证、侵权对比等环节，需要有相应的技术研发力量介入，一起共同完成好相应的工作。

专利布局的投入，决定了专利布局可以支配的资源，包括资金、人员等方面的投入。投入决定产出，如果要做好专利布局，那么投入大量资源是必不可少的。以专利申请代理服务为例，企业进行核心专利的布局需要进行全方位的专利挖掘、检索、分析和对比，且在撰写环节需要花费更多的时间和精力。另外，企业进行多区域的专利布局，通过专利合作协定或巴黎公约进入的国家越多，对于企业知识产权管理人员的要求也越高，成本也会越高。

产品和技术的市场情况、本领域现有技术的情况、竞争对手的情况等外部因素和内部因素相关联。例如，产品和技术的市场情况是企业自身专利定位的重要依据，一个新兴产品或技术市场往往竞争不够充分，身在其中的企业的专利定位应该是竞争型的布局；本领域现有技术情况是研发能力的重要参照指标；竞争对手的投入情况更是企业专利布局投入的一个参考因素。

2.4 专利组合

专利组合是指单个企业或多个企业为了发挥单个专利不能或很难发挥的效应，而将相互联系又存在显著区别的多个专利进行有效组合而形成的一个专利集合体。

2.4.1 专利组合的价值

专利组合是指一组彼此之间有差别但又相互关联，存在一定内在联系的专利集群。在这组专利集群中，依照企业技术、市场等方面的关联性，围绕不同运用功效，对专利的结构和数量分布设计，依靠不同专利之间的协同作用，可以有效打破单件专利的局限性，消除专利文件撰写的缺陷造成的不利影响。

单件专利在技术保护上存在着明显的局限性，比如创新的是一件产品，那么仅仅保护该产品的形状和结构显然不够，还应当将该产品的材料、生产工艺和生产设备、该产品在相关领域内的应用中可能出现的新的技术方案一并保护起来，否则，如果仅仅保护一个方面，一旦模仿者或竞争对手通过简单的改动或运用规避策略绕开专利的保护范围，就会使得专利权人丧失对创新技术的实质控制权，造成难以弥补的损失。如果竞争对手一旦绕开了技术持有人的专利保护范围，那么他必然会在该产品的其他方面（比如产品与其他技术相结合时产生的二次创新成果、进一步研发中产生的新的技术方案、在应用效果和应用领域等方面形成的新的技术方案和解决方案）进行专利申请。掌握着原创技术的企业由于没有专利组合，在单件专利被围困以后将束手无策，被迫将技术和市场白白交给竞争对手。

专利组合的好处在于，能够通过一个群组的专利来覆盖创新技术的核心专利，以及各种优化改进、技术结合、应用扩展等延伸出来的新的技术方案而生成的外围专利。核心专利和外围专利的组合是常见的专利组合形式。当然，专利组合实际是动态的，它还包括在技术发展、产品升级、市场需要和竞争环境等因素的变化下，技术持有人根据实际需要对专利组合中的专利进行后续申请以及对专利组合的规模和结构进行及时调整。只有这么做，专利组合才能对创新技术进行全面而有效地保护，增强企业对技术的持久控制力，提高企业的专利防御能力，防止竞争对手的觊觎和挑衅。

很多时候，企业确实围绕一项创新技术申请了一组专利，但是在专利审查中有一些因驳回而没有拿到授权，而另一部分拿到授权的专利并没有有效地保护好企业的技术，这主要是申请人在进行专利申请时没有一个总体框架，也就是说，申请的专利比较零散，各个专利之间没有内在的关联性，使得各专利之间没有相互的支撑和协同，进而没有形成有效的专利组合。如果其中的某些专利被驳回或被宣告无效，那么该专利组合会成为企业的负担，不仅企业技术将被无偿公开而且无法形成有效的专利保护，企业还将陷入十分被动的境地。

2.4.2 专利组合的类型

专利组合可以分为保护性专利组合、对抗性专利组合、储备性专利组合。这些类型各不相同，对组合中专利的数量和技术构成起着不同的作用；组合中不同的专利彼此协同、支撑，保证了作用的实现。专利组合类型如表2-4所示。

表2-4 专利组合类型

类型	主要技术构成	主要作用
保护性专利组合	自身技术或产品	对自身创新成果或产品的保护
对抗性专利组合	竞争者技术或产品	预防和抵御竞争者的专利攻击
储备性专利组合	前瞻性技术	为企业未来发展做储备

保护性专利组合。这种组合中的专利一般都和企业自身的技术或产品方案密切相关，一般包括围绕其技术创新成果所挖掘的基础性专利、互补性专利、竞争性专利和支撑性专利。这种类型专利组合的主要目标是对企业技术创新成果以及应用这些成果的产品提供充分的专利保护屏障，以确保企业在该成果上的技术控制和竞争优势，提高技术跟随者尤其是竞争对手的规避设计难度和研发成本。

对抗性专利组合。这种专利组合的主要作用是预防和抵御企业的主要竞争对手针对企业发动专利攻击。这些专利方案未必和企业自己的技术或产品方案密切相关，而与竞争者的技术或产品发展方向更相关。对抗性专利组合主要备选专利包括：行业中很难绕开的重要技术的基础性专利；围绕竞争者技术特点、产品方案的产业化实现或产品的升级设置的改进性专利、支撑性专利等；针对竞争者未来的技术发展方向和产品拓展方向设计的专利等。

储备性专利组合。在企业研发过程中，往往会有些技术方案，暂时未能找到合适的应用功能产品或者领域，暂时不具备市场应用价值，或者该技术本身实施所依赖的相关技术暂未成熟等。此外，企业也可以有意针对某些未来可能会带来高附加值、成为研发热点、突破产品性能瓶颈、主导产业发展、引领市场需求等的技术发展方向提前进行研发。以上这些技术的专利主要是为了企业未来发展提前做储备，进而将构成储备性专利组合。这种组合中的技术方案大多属于前瞻性技术方案和提前"圈地"性质的技术方案。

2.4.3 专利组合的构建

1. 层级搭建

一般而言，专利组合的构建就如同建设房子，多采用逐级搭建的方式进行，围绕特定主题或者用途，以技术点作为专利组合的基本单元，按照技术点层级和作用逐级搭建。一项产品或技术有若干技术点，而针对某一特定技术点，又有若干技术方案可以申请专利。技术点的关键程度以及技术方案的优劣程度决定了与技术相关的不同专利的层级，例如基础专利，与产品和技术实现效果的基础技术点相关，并且是基础技术点中具有难以替换属性的技术方案，这一类的专利属于专利组合中基础层级的存在，后续进行专利布局的其他专利可以围绕该基础专利进行。

基于层级的搭建方式让专利组合中的专利之间的上下关系清晰。尤其是基于技术关系和作用的层级搭建方式，可以使得企业日常的专利维护变得更方便。这种构建方式可以降低专利盘点的难度，提高企业管理效率。

2. 动态组合

专利组合的状态不是静止的、固化的。随着技术、产业的发展和竞争态势的变化，专利组合也应该进行相应的调整，与时俱进。最明显的一点就是，在现代社会，技术和市场的跨界会对原有技术和应用进行冲击，进而催生出新的应用和技术。因此，原有针对旧的计划和应用的专利组合就需要进行动态的调整和补充，包括企业基于当前和未来可预期的变化，对专利组合进行盘点，确定哪些专利由于外部环境变化，可能会失去原有的作用，哪些专利可以持续保持作用，但是其作用和性能会下降，以及针对新的技术和应用，还应该补充哪些方面的专利，进行哪些定向专利挖掘和布局，进而获取新层级的专利，以重新稳固专利组合。

3. 扩充来源

如今的市场上，企业之间激烈的竞争和技术的高速发展使得某一企业很难在某一技术或领域一家独大，掌握该领域所有关键的专利，也很难有一个企业能够完全靠自身的专利挖掘能力形成足够好的专利组合，以实现对市场持续、有效的竞争优势。因此，企业应通过一些渠道扩充组合需要的专利来源，或者基于成本、时间的考虑，从外部导入专利。一般而言，扩充的来源包括直接购买专利、并购企业获得相关专利、获取在委托开发与合作开发过程中产生的专利以及通过加入知识产权联盟或组织并通过联盟和组织的协议获取专利池专利的某些权力等。

企业在进行扩充来源操作的时候，应当对现有专利组合进行充分的评估，避免因为判断错误，对专利组合产生损害。对于计划扩充进来的专利也要进行充分的评估，以确定是否具有权利瑕疵、权属纠纷等。

4. 结构均衡

专利组合固然需要有一定数量的专利，但是相对于数量，质量和组合的均衡性对专利组合作用的发挥更为重要。一般而言，对于某产品或技术的专利组合，企业应当要有该类产品或该类技术较为核心的专利作为专利组合的基础专利。技术专利的数量可以不多，但是质量应是最好的。企业专利的稳定性、保护范围的恰当性、取证的方便性以及专利难以实现规避性是非常重要的因素。另外，专利组合要有围绕该基础专利的一定数量的外围专利。外围专利的作用最主要是对基础专利进行补充，例如改进的结构、改进的流程、改进的模式等。外围专利是基础专利对外的延伸，也能增大竞争对手对基础专利进行技术规避的难度。再往外延伸是应用专利，例如基础专利，外围专利的已有或者未来可能的应用方向。应用专利保证企业在实施自身基础专利和外围专利的时候，不会被竞争对手走捷径和堵后路，进而对自己的经营业务产生影响。再往外延伸，还可以有适量的"烟雾弹"专利，主要是用于混淆竞争对手的注意力、消耗竞争对手的分析资源以及作为更多谈判交换的筹码。最后，专利组合还可以包括一些储备性的专利，用于应对未来技术演进和产品发展而提前布局的一些专利。这部分的专利可能并没有关联到企业当前的业务和产品中。

2.4.4 专利组合的评估

一般来说，企业都会从技术性因素、法律性因素、市场性因素和特殊性因素等维度来对专利的价值进行量化评估，在实现对单个专利评估的基础上，对专利组合进行应用价值的综合评估。因此，专利组合评估的关键是如何有效地对组合中的专利价值进行评估。

虽然从技术性因素、法律性因素、市场性因素和特殊性因素等维度来对专利的价值进行量化评估是一个相当理想的评估模型，但是在专利实务管理中，企业很难找到具备能够从技术性因素、法律性因素、市场性因素和特殊性因素等维度对专利进行评估的人员。由于个人理解、经历等原因，有关人员也很难做到可量化的评估，最后可能造成评估结果因人而异，无法统一，在企业实务中得不到落实。

在实际工作中，专利管理人员可以从专利无效、专利规避两个角度对专利进行分析，例如以专利无效宣告的准则，通过检索分析相关文献结合无效理由来评价专利的无效可能性、规避可能性，从而实现对专利价值的可操作评估。同样，在专利申请阶段的管理中，专利管理人员也可以从专利无效、专利规避角度对专利申请文件进行审视，从而对专利申请阶段的质量进行把控。并且，专利规避可以参考专利无效角度用到的在先使用证据，结合专利技术效果以确定是否存在类似的解决方案。因此，专利无效角度和专利规避角度可以相辅相成，相互支撑，在专利实际工作中，帮助专利管理人员有效、高效地进行专利价值的管理，提高专利申请的质量和专利价值的实现。

❖ **小结** ❖

本章就技术交底、专利布局和专利组合等涉及企业专利创造环节的内容进行介绍。技术交底是专利形成的重要前序工作之一。交底是否清楚、完整以及恰当，对于所形成的专利质量有着重要的影响，而专利创造保护的质量，往往与围绕技术交底形成的专利布局息息相关。通过不同技术交底形成的不同侧重点的专利有机构成的专利组合可以在一定程度上加强专利创造的威力，提升企业专利运用的基础力量。

第 3 章

知识产权运用

开篇案例 企业专利预警工作如何开展

由于专利同时具备技术和法律两方面的含义，因此所谓的专利预警就是企业通过定期对专利信息进行分析，从而对技术发展方向、专利风险纠纷等进行警示和主动防范，更好地确定企业研发方向，将风险消灭在萌芽状态。企业专利预警机制的建立需要完善的流程保障和有经验的专业技术人员及专利工作者的支持。从企业内部运行专利预警的经验来看，该流程可以分为专利跟踪解读和分析预警两个阶段。第一阶段的工作主要集中在技术人员，第二阶段的工作主要集中在专利工作者。

1. 专利跟踪解读阶段

专利跟踪解读阶段应做到常态化、人性化和标准化三个要求。

（1）常态化。常态化是指企业要保持专利预警工作的持续进行，从而跟上市场和技术变化的节奏。这里需要注意的问题是确定跟踪间隔与跟踪结果的数量，考虑到技术人员的工作量，企业每次可选择跟踪本领域 5～10 家主要的竞争对手，跟踪检索的结果控制在 30～50 件专利为宜，然后根据不同领域专利数量的不同进行跟踪间隔的确定。以高分子材料行业为例，例如聚酯改性材料行业，如果企业每次选取5～10家竞争对手，那么每个季度新公开的专利数量可以控制在50件以内，这样就避免过多增加技术人员工作量，从而影响工作的持续开展。

（2）人性化。人性化是从技术人员阅读专利的方便程度进行考虑，务必使技术人员不会在阅读技术文献之外产生更多的时间消耗。为达到这一目的，专利工作者需要对检索结果进行前期处理，在技术层面可以对检索结果进行快速浏览，剔除完全不相关的因素，在形式方面可以对检索结果进行一定处理，如降低同族专利的重复率能帮助技术人员避免重复劳动，使用中国同族专利替换外文专利则可以提高阅读效率，对外文专利的内容进行批量的机器翻译也可以帮助技术人员快速理解专利技术。

（3）标准化。标准化包括两方面的含义，一是专利工作人员每次给技术人员的检索结果格式应保持一致，一般固定采用某个检索工具即可达到这个要求。二是技术人员应对专利的阅读标注采用标准化格式，以确保阅读标注工作持续有效进行。专利工作人员在进行专利阅读标注时，应考虑到每件专利文献都由三个要点组成：本专利要解决的技术问题、采取的技术方案以及本方案带来的技术效果。其中要解决的技术问题和技术方案带来的技术效果可以看成对同一技术问题的正反描述，在阅读时可归纳为一个效果标注点，而技术方案往往由于比较复杂，可以分层次进行标注，按照这种标准化格式进行专利解读之后，每件专利都会有清晰的技术标签，便于技术团队快速筛选所需要的技术，也便于专利工作者进行技术和作用分析，从而发现本领域的专利布局空白点，进行有针对性的专利申请。

2.专利分析预警阶段

在专利跟踪解读阶段，技术人员可以通过阅读专利文献，从而与业内主要竞争对手保持技术水平同步，获得研发灵感或直接解决研发过程中的技术难题。如果在这个过程中发现本公司的技术方案正好落入竞争对手的某件专利保护范围之中，那么该风险专利会被转到专利工作者手中进行风险分析和应对，即企业专利预警工作的第二阶段——分析预警阶段。这个阶段的工作流程按时间顺序包括法律状态分析、专利稳定性分析、侵权分析和规避设计、公众意见和专利无效、专利包围几个方面。

法律状态分析。如果专利产品只涉及国内制造、使用、销售、许诺销售和进口，那么需要分析中国专利的法律状态。除了失效专利外，企业还应分析一种情况，即优先权时机。如果国外专利自其申请日起超过一年没有申请中国专利，那么该国外专利在中国就成为公有技术，在中国境内可以无偿使用。由于发明专利申请最晚是在申请之后满18个月公开，而优先权时间的最长期限为12个月，所以判断一件国外专利是否已经申请中国专利，至少要在该国外专利最早优先权日满30个月后才会有准确结论，否则是不确定的。例如，美国专利US2012010340A1的申请日是2010年10月27日，优先权日是2010年7月8日，它申请中国专利的最后期限是2011年7月7日（一年的优先权），如果在2011年7月7日这一天申请中国专利，最晚将于2013年1月7日左右公开，所以如果在2013年1月没有查到对应的中国专利，则这件专利失去了利用优先权进入中国的机会。对于PCT（Patent Cooperation Treaty，专利合作条约，又称为国际专利）专利，如果在申请时指定了中国，由于PCT规定最多可以在优先权日起30个月内（可延期至32个月）进入中国，进入中国之后一般数个月内即可公开，按照较长的18个月公开时间计算，PCT专利在其优先权日48个月后一般都能确定其是否已经进入中国。因此，一般的国外专利自其最早的优先权日30个月后、指定了中国的PCT专利自其PCT专利优先权日48个月后，如果其专利族中没有中国专利号，那么企业可以在中国境内使用这些专利，风险是可以控制的。

专利稳定性分析。稳定性分析包括两大方面，分别是新颖性、创造性分析和撰写瑕疵分析。其中新颖性、创造性的分析主要依赖于检索到的对比文件以及对于《中华人民共和国专利法》（简称《专利法》）第二十二条的熟练运用，本文不再赘述，而撰写瑕疵分析则主要分析专利文本的撰写质量对专利权造成的影响。由于不同行业的专利文本有自身明显的特点，以高分子材料行业为例，本书对专利文本中常见的瑕疵问题做了总结，可按照次序对目标专利进行评价。

经过上述分析，如果可以确定某件风险专利具有稳定性方面的问题，那么该专利未来即使获得授权并出现纠纷，企业也可以迅速提出证据推翻其权利，没有必要为了不稳定的专利而变动研发方向。

侵权分析和规避设计。专利侵权分析首先应将授权专利的权利要求进行保护范围的确定，然后将被控侵权的产品所包含的技术特征与专利权利要求进行一一对应比较，看专利权利要求中的所有技术特征是否都被被控侵权产品所囊括或等同，从而判断被控侵权产品是否落入专利权的保护范围。例如，在高分子材料领域，专利A保护一种塑料配方，包括聚酰胺、特定阻燃剂、无机填料和色粉，其发明点在于聚酰胺与特定阻燃剂的配合。如果侵权产品的配方中有聚酰胺、专利中所述特定的阻燃剂和玻璃纤维，缺少色粉，那么法官会以缺少技术特征为由判定被控侵权产品不侵权，因为专利权利要求中的所有技术特征没有全部被被控侵权产品所囊括，这是化工企业需要高度注意的一种情况。对化学专利配方来说，企业还需要注意开放式权利要求与封闭式权利要求的保护范围是不同的。封闭式权利要求一般写成"由……组成"，其法律含义只包括权利要求记载的部分，无法对范围外的部分进行保护。如果一种被控侵权产品含有权利要求记载配方以外的部分，则专利法会认为该被控侵权产品没有落入专利权利要求的保护范围。开放式权利要求则一般写成"包括……"，其法律含义是组合物中除了包括权利要求所记载的部分，同时还包括权利要求中没有列举到的部分，同样的技术如果分别以封闭式权利要求和开放式权利要求来撰写，保护范围是截然不同的。

另外，通过上述分析可以看出，判定侵权时只需要考虑原告的专利权和被告的产品，至于被告有没有专利，并不影响专利侵权判定的结果。很多企业认为自己申请了专利并得到了合法授权，从而放心生产、销售自己的专利产品。实际上，企业仍然可能会因自己的产品而被卷入到法律诉讼当中。

规避设计则是在侵权分析的基础上进行规避，以避免落入风险专利的保护范围。企业可借鉴专利文件中背景技术或审查员检索到的对比文件进行回避设计，还可以根据专利申请人在答复审查意见过程中所做的限制性解释和放弃的部分权利进行回避设计，其目的都是绕开风险专利的范围，重新开辟安全地带。

公众意见和专利无效。二者的区别在于目标专利的法律状态不同。多数企业对于专利无效已经较为熟悉，然而公众意见则是更为隐蔽、成本更低、见效更早的一种自我救济方式，企业可以依据《中华人民共和国专利法实施细则》第四十八条的规定针对尚未授权的专利以第三方名义向所在地的专利局受理处提出。企业可以使用通用的意见陈述书表格按照审查员审查意见通知书形式进行单方审查即可提交。对于企业来说，公众意见的优势显而易见，其经济成本最低可以为零，能够尽早将风险专利申请拒之门外。相对于规避设计等被动应对手段，使用公众意见对风险专利进行阻击是专利预警工作的主动应对手段。

专利包围。专利包围作为专利预警工作的主动应对手段之一，诠释了"进攻是最好的防守"这一理念。虽然根据《专利法》相关规定，从属专利的专利权人实施从属专利也需要经过基础专利的专利权人许可，但是从属专利的专利权人可以和基础专利的专利权人达成交叉许可，以减少专利许可费用。专利包围即是用来打破风险专利在技术保护上的独占性，和各类改进、结合、优化形成的外围专利取得交叉权利，同时在时间保护上更具优势，能够获得比风险专利更晚到期的延续保护。对于高分子材料技术领域来说，专利包围常用的手段包括选择发明、用途发明、转用发明等，配合一些撰写技巧，达到后发制人的目的。对于专利包围策略，我们鼓励尚未得到大规模生产验证的技术设想在进行初步试验之后尽早申请专利，因为在后续研发过程中可以利用《专利法》规定的多种途径对在先申请进行补充和修改，如有技术改进，可继续申请另外一件专利；如有内容补充，可利用优先权进行修改；如有不妥，可维持申请迷惑对手；如想拆分，可利用主动分案进行操作；如想保密，则可在未公开之前撤回。

综上所述，想开展专利预警工作的企业在专利跟踪解读阶段应做到常态化、人性化和标准化这三个要求，在专利分析预警阶段，可针对跟踪到的风险专利依次进行法律状态分析、专利稳定性分析、侵权分析和规避设计、公众意见和专利无效、专利包围等几个方面的工作，确保专利预警工作能够持续、有效地进行。

3.1 专利检索概述

专利检索指的是企业以获取目标文献为目的而进行的一系列针对性很强

的查找分析行为。该目标文献应该尽可能包含所需要的所有专利文献，又不应该包含除此以外的噪声文献。检索的全面性与准确性往往是矛盾的两个方面，专利分析检索需要尽可能实现全面性和准确性之间的调和，并尽可能考虑在现有的人力、时间和成本的条件下，完成一个对检索目的有实质价值的专利检索。

企业在专利检索目的性方面有自己的特点，根据企业专利实务工作不同，其目的也有不同，采用的检索方法、检索准备、检索范围、检索过程、终止条件和结果呈现方面都有很大区别，因此要因"目的"制宜，根据目的的不同，企业可以灵活进行专利检索，并应避免为了专利检索而进行专利检索。

3.1.1 专利检索的流程

专利分析检索过程一般可以包括检索前信息收集、专利检索、检索结果验证和调整。这三个环节并不是单向闭环，可以根据检索结果验证情况而多次循环，例如第一次检索后，验证发现检索结果出现较大误差，那么需要重新收集检索信息，采用另外的检索方式进行检索修正，以及再次验证检索结果等。专利检索流程如图3-1所示。

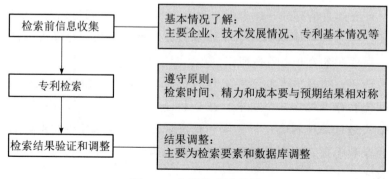

图3-1 专利检索流程图

1. 检索前信息收集

专利检索前对检索主题相关领域的信息进行收集和分析，有利于提高检索的准确性和效率，收集的信息可以包括领域主要企业分布、技术发展关键时间点和发展趋势、行业技术发展和变迁、领域专利纠纷等信息。通过对这些信息的收集及分析，企业可以通过专利检索了解该领域技术发展情况、主要专利权人情况、专利申请趋势等信息。其中，如何选择专利检索关键词、检索方式以及如何判断检索结果对于专利检索过程很重要。

2. 专利检索

专利检索前，还需要根据检索主题和前期信息收集的情况，选择合适的检索系统及数据库。

在数据库选择时应当优先考虑数据库收录完整性，以及对检索主题、目的的支持性，例如数据库是收录全文，还是只收录标题、摘要等信息。另外，数据库是否有语言翻译的收录，例如对日本、韩国等专利进行了机器翻译，或者进行英文摘要的人工改写（如德温特数据库）。对于在检索主题和目的中包含要分析日本、韩国等地的专利信息而言，企业可以考虑使用英文关键词作为统一检索关键词进行检索，以提高检索效率。

此外，选择数据库还应考虑对检索结果进行分析时候的便捷性，以及是否支持分析字段，或导出字段的丰富性。一般现有的数据库都可以导出常规的专利权人、申请日期等信息，但是有些数据库对专利权人还会进行梳理标记，例如跨国公司在不同国家用不同的译名、子公司申请的专利，可以通过专利权人树的方式，统一检索，统一导出，统一分析，这就可以省去检索分析这部分专利权人专利的麻烦，提高检索、分析的准确性。

选择合适的检索系统和专利数据库有助于降低检索和分析的难度，提高检索分析和研究的质量。数据库选择优先考虑数据质量，其次兼顾检索效率。检索系统及数据库的选取需要考虑以下因素。

（1）检索主题专利的目标区域专利收录的情况。检索主题技术领域和数据库特点之间可能有不同的匹配要求，选择专利数据库可以关注检索主题技术分解的技术分支是否具有一些独特的特点，以及是否存在与这些特点相匹配的数据库。

例如，数据库一般都有专利分类代码，通常有IPC（国际专利分类）。《国际专利分类斯特拉斯堡协定》编制的国际专利分类是目前国际通用的专利文献分类和检索工具,为世界各国有这方面需求的机构所熟知。第 8 版约 20 000 条,包括部、大类、小类、大组和在某些技术领域的少量小组。如果检索主题技术领域的某一技术分支存在与之相对应的 IPC 分类号,那么可以通过 IPC 分类号进行限定检索,并可以取得一定的检索效果。

分类号在专利检索中运用得十分广泛,对于检索结果的限定有着较好的效果,IPC 的 8 个部分别对应了 8 大专利分类,如图 3-2 所示。

- 部的类号:A-H 中的一个大写英文字母
- 部的类名:概括指出该部范围的内容
- 8 个部的类号及类名
  - A　人类生活必需品
  - B　作业;运输
  - C　化学;冶金
  - D　纺织;造纸
  - E　固定建筑物
  - F　机械工程;照明;加热;武器;爆破
  - G　物理
  - H　电学

图 3-2　8 大专利分类图

每一个部都采用了层层递进的逻辑表示关系,通过大类、小类、大组和小组进一步表示该部下的不同类别的技术,专利分类号结构如图 3-3 所示。

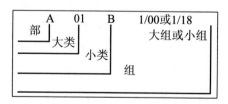

图 3-3　专利分类号结构

IPC 分类号可以较好地将检索结果限定在某一个技术分类下,可以有效地降低检索噪声,而且基本所有的检索网站都支持 IPC 检索功能,是非常好的检索手段。类似的分类号还有美国专利分类、欧洲专利分类、日本专利分类、德温特专利分类和德温特手工代码分类等,都有各自的特点,在选择检索数据库的时候，可以根据检索主题的技术特点，考虑选择包含相应分类号的数据库。

（2）不同国别、不同时期文献收录信息的完整性。不同区域的不同的行业、技术的发展历史和程度不同，会对专利文献的收录形成不同的影响，因此选择数据库的时候，也应该根据检索主题技术领域的特点，考虑不同国别、不同时期文献收录信息的情况。例如，如果某技术的发展历史已经很长了，检索的重点集中在最近发展起来的新应用，则重点关注对最近专利文献的收录即可。如果技术的发展地对专利文献公开有一定的条件，如印度的专利文献，那么检索的时候需要考虑一些收录印度专利较为全面的数据库。又如在移动多媒体广播方面，由于欧洲、美国、日本等各自采用了不同的标准，要分析这些国家或地区的与移动多媒体广播标准相关的专利，则应当分别在上述国家或地区的专利数据库中进行针对性检索。

（3）检索字段丰富性以及特定的检索功能。如果根据检索主题技术领域的特点来选择专利数据库，那么应该考虑检索字段的丰富性。某些技术领域的申请文献有独特之处，例如商业方法可能以权利要求中的步骤特征来体现；移动通信领域被标准制定组织（如3GPP）纳入其中的必要标准专利，包含有专门的标准专利字段；药物领域对化合物检索式的检索，或者基于药物名称的检索等；对于发展脉络明确的技术，可以考虑利用专利引证字段进行检索。也就是说，不同领域的专利申请文件的撰写关注点不尽相同，那么可以结合相应的关注点来选择数据库。

专利数据库资源包括文摘数据库、全文数据库、法律状态数据库、引文数据库等。

目前专利文摘数据库资源主要包括运行在3个检索系统中的共13个专利文摘数据库。CPRS系统：中国专利摘要数据库（以下简称"CNPAT"）；专利检索与服务系统（以下简称"S系统"）：中文简体文摘库CNABS、CPRSABS，中文繁体文摘库TWABS、HKABS、MOABS，英文文摘库DWPII、SIPOABS、CPEA，外文虚拟库VEN，日文文摘库PABS；EPOQUENET系统（以下简称"EPOQUE系统"）：WPI、EPODOC（原PAJ已并入EPODOC）。

另外，市面上也有一些较为全面的商用专利数据库系统，如SooPAT、Patentics、incoPat、智慧芽等。因此，根据研究内容、目的和需求结合数据库的特点来选择专利数据库，是选择合适数据库帮助检索的关键。

企业选取好合适的检索系统和数据库后，可以尝试构建检索式进行检索。

通常，专利分析检索的检索要素以分类号、关键词为主，必要时，应当以申请人、发明人等作为补充检索要素。为避免出现文献遗漏，应当使用分类号与关键词相结合来构建检索式，但在实际操作中，针对不同的技术主题，可以倾向性地选取分类号或者关键词作为检索的重点。

3. 检索结果验证和调整

专利检索往往不是一蹴而就的，随着检索的进行，需要根据检索结果调整检索策略。检索策略的调整包括检索要素的调整以及检索数据库的调整。

通过对检索结果的初步浏览，企业可能会发现新的检索要素，或者纯噪声检索要素，此时有必要变更检索要素，调整检索式。对检索结果的浏览判断可以根据在信息收集环节获得的信息来进行验证，例如对检索结果按照专利权人进行排名，看看是否符合收集信息的情况，又或者对专利申请数量按照申请年进行趋势分析，看看是否符合该技术发展的基本趋势。

当在某一数据库中没有检索到合适的文件时，可以考虑重新选择数据库。例如，若使用 EC、UC 或 FIFT-tem 分类体系进行检索，可以选择世界专利文摘数据库（SIPOABS）或外文虚拟库（VEN）数据库，但如果需要对申请人进行检索，那么最好转到世界专利索引数据库（WPI）中，以便通过 CPY 字段获取申请人信息。调整数据库的另一个目的在于补充检索，利用各数据库字段的互补性，在不同的数据库获取所需的字段。例如，在中文专利文摘数据库（CNABS）中无"法律状态"字段，可通过转库操作，转到 CPRSABS 数据库中以获得文献相对应的法律状态信息。

为了追求既全面又准确的检索结果，专利检索是没有止境的，但是从检索资源有效性的角度出发，检索要有一定的限度，在适当的时候中止检索，进入到下一步阶段，这就需要企业根据已获得的检索结果，使用的检索手段和策略，综合考虑时间、精力等成本因素，决定是否可以中止检索。考虑的原则是用于检索的时间、精力和成本与预期可能获得的结果要相称。

3.1.2 专利检索策略

专利分析检索的要求之一是获得与技术主题相关的总体文献。常用的检索策略包括分总式检索、总分式检索和引证追踪检索三种策略。分总式检索策略是根据技术分解表，对各技术分支展开检索，再将各技术分支的检索结果进行合并，得到总的检索结果。而总分式检索策略则是首先对总的技术主题进行检索，而后从检索结果中二次检索而获得各技术分支的检索结果。引证追踪检索策略凭借引文字段等信息进行检索。

（1）分总式检索策略应首先分别对技术分解表中的各技术分支展开检索，获得该技术分支之下的检索结果。其次，将各技术分支的检索结果进行合并，得到总的检索结果。分总式检索策略适用于各技术分支之间的相似度不高的情形，也就是各技术分支的检索结果之间的交集较小。分总式检索策略的优势在于，课题组成员可以并行检索各技术分支。

分总式检索策略可以提高检索效率。一般而言，分总式中的"各技术分支"指的是一级技术分支，企业可以对每一个级技术分支下的二级或三级技术分支继续使用分总式检索策略，或采用其他检索策略。

（2）总分式检索策略与分总式检索策略不同的是，总分式检索策略是一种自上而下的方式。首先，企业对总体技术主题的检索，其次在总技术主题检索的检索结果中进行各技术分支的检索。总分式检索策略适用于技术领域和分类领域等涵盖范围好且较为准确的情形。总分式检索策略的优势在于，检索人员可以全面地了解各技术分支，为以后的标引和技术分析做准备。

（3）引证追踪检索策略是以专利文献的引文字段和说明书中引用的文献信息为线索进行追踪检索。EPOQUE 检索系统、S 系统等检索系统中均提供了引文检索功能。DII 数据库提供了丰富的引文信息，其整合了 PatentsCitationIndex（专利引文索引）数据库，给出了专利文献说明书中引用的现有技术文献、在专利审查过程中引用的各种文献以及引用本专利的专利文献。通过对某一技术领域或某一申请人专利的引证、被引证关系、引证率以及自我引证程度高低分析，企业可以发现基础专利、核心专利、重要专利，获知以重要专利为支撑的技术发展线路，获取申请人以及竞争对手在该领域的竞争地位。一般而言，被引专利数量越多，则该专利技术越受关注，申请人的被引证专利数量越多、单件专利的平均被引用次数越多，则该申请人的创新能力越强，更加具备竞争力。

为了获得准确而完整的检索结果，企业应当紧密地围绕专利分析项目的主题和涵盖的各级关键词，这样做可以有效弥补分类号检索的不完整性和局限性。结合技术分解表确定关键词时，应根据技术分解表中各技术分支的名称，选择能够准确和完整地表达该技术分支的关键词。同时，应当对技术分解表中的关键词进行适当扩展，以保证检索结果的准确率。扩展关键词时，企业可以从综述性科技文献、教科书、技术词典、分类表中的释义、技术资料中挖掘更多的关键词，或者分析从调研、研讨等过程中围绕技术分解表收集的技术信息。企业专利技术对于关键词的扩展，应当以同义词、上位词、下位词、缩写式以及一线的生产研发人员的惯用技术术语作为关键词。语言等不同表达方式的扩展，也包括根据表达习惯的时间性、地域性、译文以及拼写方式的多样性和常见的错误表达方式进行扩展，同时还要注意适当地使用通配符来使其尽可能地容纳各种拼写方式以及常见的错误拼写。需要注意的是，对于每个用关键词表达的检索要素的引入，企业都要结合本领域的专利文献中的表达特点来考虑其是否会影响检索的完整性，以及其可能带来的噪声量的大小。在各检索结果评估或抽样调查阶段，通过对专利文献的浏览，企业可以留意补充一些漏选的检索关键词，或去除一些会引入大量噪声的关键词，以及积累在典型的噪声文献中频繁出现的去噪关键词，并结合技术领域以及表达的特点合理确定关键词。具体而言，关键词扩展时应考虑以下几个要点。

第一，关键词扩展应该保证意义上的全面和准确。考虑意义的全面性的扩展通常应该包括检索词的同义词、反义词、近义词、上下位概念、横向等同特征。而考虑意义的准确性的扩展应当在上述考虑全面性的扩展的基础上进行必要的取舍和修正。具体来说，企业应该在进行检索词的同义词、反义词、近义词、上下位概念、横向等同特征的扩展后，根据技术领域的特点进行取舍和修正。

第二，关键词扩展应该保证形式上的全面和准确。实现形式上的全面和准确，应充分考虑对同一关键词表达的各种可能形式，如英文关键词的不同词性、单复数、简称或缩写、英美拼写差异等，甚至要考虑比较常见的拼写错误；而对于中文关键词应该主要考虑地域用语的差别、曾用语、俗语、俗称或别称等，同样也需要考虑常见的拼写错误的字或词。

第三，关键词扩展应该保证角度上的全面和准确。专利文献往往会从多个角度对技术内容进行相关的描述，如专利文献通常会记载发明的背景技术、待解决的技术问题、技术效果、实施方式以及说明书附图等，这些内容之间常常是相互对应的，因此关键词的扩展不局限于对关键词本身直接的扩展（即从关键词的意义或形式上扩展），还应该从技术分解表中直接确定的关键词所组成的技术方案的对应面进行考虑，即考虑采用关键词的方式对该技术方案所解决的技术问题、技术效果或用途进行表述，并将以此获得的关键词作为检索的关键词。

专利意义上的申请人有多种类型，包括企业申请人、高校或研究机构、个人申请人以及各种合作申请的申请人。对大多数行业而言，构成产业链的主体和行业内技术研发和专利申请的主体都是企业，对某些前沿技术、基础技术而言，申请人可能是高校或研究机构。由于某些特殊原因，某些企业的专利申请以其企业负责人个人名义申请，也有必要对某些与某企业关系密切的自然人申请人进行分析。获知申请人的方法有以下几种。

第一种方法是利用专利检索系统的统计功能确定申请人。企业可以先以与分析对象密切相关的关键词或分类号进行检索，对检索结果进行申请人统计排序，以发现主要的申请人。

第二种方法是通过行业新闻、非专利文献等信息确定申请人。行业内的领军企业通常都有较强的专利意识，其专利活动也相对活跃。企业可以通过期刊、行业报告、在线专业性网站等途径获取行业内的主要公司、高校、研究机构和个人的信息，将其确定为申请获知申请人发明人之后，需要对申请人发明人的相关字段进行确定，包括申请人发明人名称的确定、申请人类型的确定、申请所属国籍等，其中，确定申请人、发明人的名称尤为重要，因为在不同数据库中同一申请的申请人、发明人的名称、数量不尽相同，即使是同一申请人、发明人在同一数据库中的名称也存在差异。例如，夏普公司在 CPRSABS 中也存在"微尖"这一表述。如果未能考虑到这些差异，而简单地以一种表达方式对申请人、发明人进行专利布局、技术发展趋势、研发团队等进行分析，将会影响分析结果的准确性。因此，在专利分析的文献检索和数据处理时，应当对专利申请的申请人的名称、类型以及国籍，以发明人名称等进行确定。

企业在确定申请人名称时，应当注意不同的数据库对申请人名称处理方式的不同，有时使用名称的全称，有时使用名称的简称，特别是中文数据库对外国申请人的表示有时使用意译，有时使用音译。同样是汉字音译名，由于同音汉字的多样性，有时会出现同音不同字的汉字音译名。在这些情况下，可以通过将 CPRSABS 中的检索结果转至 DWPI 数据库中，浏览其英文申请人名称的各种变形，从而确定申请人名称。另外，企业也可以将 DWPI 中相关申请人的检索结果转库至 CPRSABS 中，浏览中文名称的表达形式以确定申请人名称，确定更多的名称的表达形式，随后可将它们作为入口进行检索。相对而言，DWPI 对申请人的规范化较为完善，提出了一个有用的字段 CPY，即公司代码，该字段对检索大型跨国公司十分有用。DWPI 能够将集团公司及其子公司映射到同一公司代码，利用该公司代码能够更为全面地检索到该公司的申请。但是，同一申请人可能有多个公司代码，而多个不同申请人的公司有可能相同，即同一个公司代码对应于不同的申请人。以 FIRSTSOLAR 为例，在 DW 中以其申请人名称为入口，可检索到 73 项申请，但以其公司代码 FRSN 为入口检索，则检索到超过 2 000 项申请，此时将以公司代码为入口的检索结果纳入补充校正的检索结果中会引入很大的噪声。因此，在使用公司代码用于确定申请人名称时，还应适当考虑结合分类号或关键词。另外，企业在确定发明人名称时，应注意发明人译名的多样性和不同数据库下的不同拼写规则；还要注意重名的情况，必要时用较宽范围的分类号或关键词加以限定以排除大部分的重名情况。例如，在 Ⅱ～Ⅵ族化合物薄膜太阳能电池的专利检索中，以关键词与分类号为入口的检索结果中包括 AMETEK ⅠNC 的一部分相关申请，但通过以申请人 AMETEK 为入口进行检索时，发现会有大量相关文献未被纳入检索结果，这主要是因为相关专利文献的撰写特点甚至是文献信息的缺失。

3.2 专利分析

专利检索要发挥作用，往往需要通过对检索结果进行分析。专利分析既涉及对检索结果数据的处理，也涉及对处理后的数据进行分析。

3.2.1 数据处理

数据处理，是对专利检索结果依据专利技术分解的内容以及专利分析的需要，进行加工整理形成专利分析样本数据集合的过程，是后续统计分析、图表制作的基础。

数据处理一般包括数据采集、数据清理和数据标引三个基本步骤。数据采集包括采集字段的选取和数据格式转化等工作；数据清理包括数据去噪、数据去重及数据规范化等工作；数据标引包括常规字段标引和自定义字段标引等。首先是数据采集，而其后的数据清理与数据标引在实际操作中通常相互交叉进行，它们的顺序可结合实际情况来进行调整。例如，企业可在各检索系统中完成数据检索和去噪、去重等操作，利用专利信息分析系统规范数据后，再根据专利分析需求进行数据标引；企业也可以在数据标引的过程中同时进行数据去噪。

数据采集首先根据后续专利分析的需要，将检索获得的原始专利数据确定需要采集的字段，然后将采集的数据转化成统一的、可操作的、便于分析的数据格式。最后将数据导出和保存。数据采集的过程主要分为以下三个步骤：确定需要采集的字段、列出检索结果中相关的字段、导出检索结果并保存为需要的文件格式。根据导出的检索结果数据量的大小，企业采取相应的数据导出策略。在导出数据量较大时，企业可将每次导出的数据量设置为较小值，分批多次导出，还可以根据专利分析的需要对不同技术分支选择不同的采集字段进行导出。以 WPI 数据为例，企业可选择每次导出 500 篇后进行清屏处理，如此重复直至导出全部数据。再如，为了避免导出数据量过大，对于某些技术分支可通过不采集说明书摘要等字段来减少需要导出的数据总量。

检索系统一般都提供采集字段的导出选择，例如 SooPAT 检索平台和 incoPat 检索平台，都在导出界面提供了选择导出的字段，如图 3-4 和图 3-5 所示。

数据导出后通常可以保存为 Excel 类型文件。不同的数据库和不同的国家或地区在专利著录项目录入时会存在以下问题：①字段名称的不一致；②语言表达习惯不同；③数据输入出现错误；④部分著录项目内容的缺失等，但是商用的专利检索平台一般都会对数据进行初步的清理。

图 3-4　SooPAT 导出字段示意图

图 3-5　incoPat 导出字段示意图

上述问题会造成原始数据格式和内容的不一致，一定程度上会影响后续数据统计分析的准确性。因此企业需要在数据采集之后对数据进行清理，包括数据的去重、去噪以及规范化处理等。企业在数据清理时需要考虑以下情况。①著录项目不同：不同的数据库在数据加工过程中，著录项目的内容和格式通常不完全相同，常见的差异有由于 IC 版本升级带来的分类号的变更；来自不同数据库的数据源的日期格式的不一致；CPRS 早期数据中专利文献公开号的缺失。②数据输入错误：原始数据加工处理过程中出现的各种人为错误。③表达习惯不同：例如，同一申请人或发明人在各数据源中由于语言表达习惯、拼写表达方式不同等造成的数据内容的不一致。④重复专利或同族专利：由于最终用作专利分析的数据集可能来自多个数据库检索到数据的子集，各数据子集之间可能会存在重复，从而导致用于专利分析的数据存在大量重复专利或同族专利。因此，企业需要对检索到的数据集进行去重、去噪等处理。

在实际操作中，数据清理主要包括数据的去噪、去重和规范化处理。数据去噪：依据专利技术分解表所划定的技术边界，通过计算机检索或人工阅读等手段，去除检索到的属于该技术边界以外的噪声文献。常用的方法主要包括检索批量除噪和人工阅读除噪等。数据去重：在对从不同数据库中检索到的数据集进行合并时，去除其中的重复专利文献或合并同族专利文献。数据规范化处理：对原始数据源的部分或全部数据项的格式进行规范化加工处理。通过修正错误和统一格式使得采集的专利数据符合后续的统计分析以及相应专利分析工具的需求。数据规范化处理的内容主要包括：分类号的规范化、日期格式的规范化、公开号的规范化、申请人国别的处理、申请人名称统一化处理和去重、发明人名称统一化、关键词的统一化、说明书摘要等信息的补充等。

数据标引是指根据不同的分析目的，对原始数据中的记录加入相应的标识项。通过标识项的增加可以增加额外的数据项来进行较为深入的分析。通常数据标引是数据处理的最后一步。企业根据不同的分析目的与分析项目，确定用于图表制作与统计分析的规范的数据。按标引字段的不同通常可以分为以下两类：常规字段的标引与自定义字段的标引。常规字段的标引通常采用专利信息分析系统对清理后的检索结果进行自动提取。这需要针对待标引的字段对检索获得的数据项进行清理与规范，以获得规范化处理后的数据项。自定义字段的标引主要涉及技术内容标引和技术功效标引等方面内容。标引方法包括人工标引和批量标引等。人工标引是指根据专利分析中人力、物力及时间等因素认为文献量在可阅读范围内时，专利分析人员通过人工逐篇阅读进行技术分支、技术功效等的标引。其既可以在 Excel 表格中进行，也可以在专利分析工具中进行。由于受到人力、物力及时间等因素的影响，人工标引具有一定的适用范围，通常适用于相对于专利分析中人力、物力及时间而言数据量不大的情况，例如微观分析。批量标引主要适用于大量文献的标引。批量标引的过程有时是和检索一起完成的，例如，在针对某级技术分支的检索过程中即完成了对该级技术分支的标引。而在某个检索结果内对其更为细分的下级或次级技术分支进行批量标引时，通常采用在该级技术分支的总体文献量范围内通过关键词与分类号进行二次检索实现对下级或次级技术分支的批量标引。例如对于口罩专利，在 Excel 中进行标引，可以包括技术手段 1 级和 2 级，技术效果 1 级和 2 级，如图 3-6 和图 3-7 所示。

图 3-6　3M 公司口罩专利技术手段 2 级标引

图 3-7　3M 公司口罩专利技术效果 2 级标引

另外，企业需要选择一些质控指标来对数据处理进行评价和管理。常用的质控指标包括以下 3 个方面。数据格式转换准确率：用于对检索结果是否有效地导出及格式是否准确转换进行评价。数据清理全面率：主要对数据清理是否全面进行评价，例如处理后的数据的噪声率、是否有效去重、数据格式是否统一规范。数据标引与项目分解的关联程度：用于评价数据标引过程是否结合了项目分解的特点、数据标引的精确度等。

3.2.2 数据分析

随着时代的发展，技术创新步伐的加快，专利申请数量快速增加。面对浩如烟海的专利数据，如果企业想要有效率地对其进行多角度、全方位的分析，就必须寻找合适的专利分析工具。专利分析工具的好坏将直接影响到专利分析的效率与准确性，因此专利分析工具在专利分析中必然会越来越重要。现有的专利分析工具大概分为两类：一类是常用的数据分析工具，其可以利用数据分析功能来进行专利分析，例如 Excel 软件；另一类是专门用来进行专利分析的工具，例如针对专利数据的特点专门开发研制的软件。专利分析工具的作用是将检索得到的数据项进行处理以输出可使用的图表或可用于制作图表的数据。

1. Excel 软件

Excel 是计算机普及以来用途最广泛的办公软件之一，也是目前进行数据处理和分析最常用的工具之一。Excel 是一个数据计算与分析的平台，集成了优秀的数据计算与分析功能，具有强大的数据处理功能。用户完全可以根据自己的想法和思路来创建自己的电子表格，完成数据处理和分析任务。Excel 最擅长的工作之一就是数据分析，其中包括排序、筛选和分类汇总等数据统计分析功能。Excel 作为一个具有强大的数据处理和分析功能的工具，其必然是专利分析可选的一种分析工具。数据处理是一个非常宽泛的概念，包括了对数据进行操作的各种活动。具体地说，Excel 具有强大的计算、分析、传递和共享功能，可以帮助用户把各种数据转化为需要的信息。由于每一个专利申请包含的信息量太少，而过多的专利数据又让人难以理清头绪，利用 Excel 进行分析整理是一个不错的方法。Excel作为电子表格软件，围绕着表格制作与使用具备一系列的功能。专利申请数据由于具有一定的特殊性，因此利用Excel进行专利分析的步骤相对于其他数据分析的步骤具有较大的不同。下面将通过数据透视表和0-1交叉矩阵两种方法来分别介绍利用Excel进行专利分析的方法，希望对专利分析人员在以后的专利分析中有一定借鉴作用。

数据透视表是Excel用来从Excel数据列表、关系数据库文件或OLAP多维数据集中的特殊字段中总结信息的分析工具。它是一种交互式报表，可以快速分类汇总和比较大量的数据，可以随时选择其中页、行和列中的不同元素以快速查看源数据的不同统计结果，还可以随意显示和打印出用户感兴趣区域的数据明细。数据透视表有机地综合了数据排序、筛选、分类汇总等数据分析的优点，能够十分方便地调整分类汇总的方式，灵活地以多种不同方式展示数据的特征。数据透视表是一种对大量数据快速汇总和建立交叉列表的交互式动态表格，能够帮助专利分析人员进行分析和组织专利申请数据。建好数据透视表后，企业可以对数据透视表重新安排，以便以不同的角度查看数据。由于其具有上述强大的功能，采用数据透视表进行专利分析对于快速寻找大量看似无关的专利中的背后关系，将复杂的专利数据转化为有价值的信息具有十分重要的作用。总而言之，合理运用数据透视表进行专利分析能够使许多问题简单化并极大地提高专利分析的效率。

数据透视表具有以下优点：能够对大量的数据库进行多条件统计；可以对得到的统计数据进行行列变化，把字段移动到统计数据中的不同位置，迅速得到新的数据，以满足不同的要求；可以在得到的统计数据中找出某一字段的一系列相关数据；在得到的统计数据中找出数据内部的各种关系并满足分组的要求。

数据透视表虽然具有强大的功能，但是数据透视表也有天然的缺陷：数据透视表是计算机在一定人为操作下进行的自动汇总，并不太智能，比如它可能会将一些本来是相同的项目认定为不同，从而导致一定的错误，在利用数据透视表进行汇总分析时，必须在透视之前或之后进行数据项规范，以克服类似上述问题；由于数据透视表是计算机自动进行的一种汇总形式，其采取的算法和进行的汇总项目不是最合理的，比如很多专利分析人员并不想进行的汇总计算也一并进行，从而导致数据透视表的计算量较大，在进行大量数据的专利分析时会导致数据溢出等现象的出现，对于现有常用计算机，当数据超过四五千个时，计算机就会运行得相当慢，当数据超过七八千个时，计算机就会出现数据溢出甚至死机等情况；数据透视表不能实现数据的自动更新。因此在进行专利分析时，为了实现数据汇总的自动化，企业需要运用其他辅助手段来解决；数据透视表是一种计算汇总，因此数据透视表中至少有一项为数值格式，否则无法完成数据的汇总。但是对专利分析来说，已有的数据中通常没有数值格式的数据，因此为了利用数据透视表进行统计汇总，需要进行一定的转化，比如增加一列虚拟列来完成汇总或者用其他方式来实现数据透视表的汇总。

使用数据透视表进行专利分析的基本流程为以下 8 个步骤。

- 数据采集：这是采用数据透视表进行分析的数据基础。
- 文本导入前准备：采集到的数据由于具有不同的格式等原因，不能直接导入到 Excel 中，因此需要在文本导入前进行一定准备，比如确定分行符以及分列符等。
- 利用 Excel 的导入文件格式导入。
- Excel 格式整理：删除空行、空列。
- 数据规范化：主要包括分类号的规范化、日期格式的规范化、公开号的规范化、发明人名称的规范化、关键词的规范化、申请人的规范化、数据的补充等。
- 数据标准化：将需要进行专利分析的数据项处理成适合用数据透视表进行专利分析的格式。
- 数据标引：将要进行分析的专利申请进行技术分支及技术功效等标引，从而对专利分析中的技术等信息进行分析。比如，对日期格式的标准化就是将日期格式的数据转换成年份信息。一般来说，专利分析中日期只要统计到年即可，如果需要分析到月，那么需要将日期格式的数据转换成年份和月份信息。
- 数据透视分析：将处理后的数据利用 Excel 数据透视表进行分析，得到需要的图表。具体的步骤是：先选择插入数据透视表，然后通过选择合适的行和列及报表后完成数据透视分析，最终得到需要的数据。

数据透视表操作要注意以下事项：

- 专利数据中进行数据透视分析的每一列必须都存在标题，否则将无法选择该列进行分析汇总。
- 专利数据进行分析汇总的列中必须有一列为数值型，即必须存在统计汇总的数据列。
- 专利数据进行分析汇总的列中的数据必须是相对比较规范的数据。
- 数据透视表汇总计算量比较大，因此在进行分析汇总时应尽量避免使用大量数据进行透视。更具体地说，数据透视时，列、行及报表筛选项不要太多，否则容易出现数据溢出的情况。
- 数据透视分析不能自动更新数据源，因此在数据源更新后需要同时更新数据透视表，即点击刷新数据。

以 3M 公司口罩专利数据在 Excel 上进行的数据透视分析为例，我们可以形成一系列的技术 – 功效矩阵表。技术 1 级 – 功效 1 级矩阵如表 3-1 所示：

表 3-1　3M 口罩中国专利技术 1 级 – 功效 1 级矩阵表

功效 1 级 技术 1 级	保持形状	便携性	便于抽取	过滤性能	可替换	可调节	舒适稳固性	特殊效果	贴合密封	有利生产	总计
鼻夹结构	1								13	1	15
勾带结构		5			1	4	8		5		23
过滤材料	2			6				1		4	13
口罩结构					1						1
口罩制备装置和方法										1	1
特殊用途构造		4		2					5		11
外部构造			3					2			5
罩体结构	19	4		2	5		15	8	17	8	78
总计	22	13	3	10	7	4	23	16	35	14	147

通过技术 1 级 – 功效 1 级矩阵表，企业可以快速发现罩体结构涉及的技术效果较多，并可以通过技术 2 级 – 功效 1 级矩阵表继续分析罩体结构中哪些技术可以实现想要的功效。技术 2 级 – 功效 1 级矩阵如表 3-2 所示。

表 3-2　罩体结构专利技术 2 级 – 功效 1 级矩阵表

功效 1 级 技术 2 级	保持形状	便携性	过滤性能	可替换	舒适稳固性	特殊效果	贴合密封	有利生产	总计
鼻部缓冲结构							2		2
波纹状过滤结构							1		1
不需要额外鼻夹部件实现鼻部密封性							1		1
侧面折叠翼结构							1		1
弹性材料结构					2				2
动态支撑结构和褶状过滤结构						2			2
中间呼气阀位置结构	1								1
刚性构件	1								1
过滤结构	1			3			1	3	8
呼气阀结构	2		1		7		2		12
呼气阀结构过滤材料			1						1
呼气阀框架结构					1				1
呼气阀连接结构							1		1
环扣一体结构								1	1
环绕空气通道的凹陷区域的泡沫成形层				1					1
活动枢纽结构						1			1
加固网结构	1								1
加强元件结构	1								1
将具有封闭表面的覆盖纤维网与过滤层间隔开结构						1			1

（续）

功效1级 技术2级	保持形状	便携性	过滤性能	可替换	舒适稳固性	特殊效果	贴合密封	有利生产	总计
结构性焊接图案：桁架式三角形	1								1
结构性焊接图案：平行线	1								1
聚合物结网					1				1
抗挤压结构	1								1
可伸展结构						1			1
可抓握凸片结构		1							1
模制结构								2	2
内折叠突片	1								1
泡沫成形层	1								1
佩戴舒适性					1				1
平行式折叠结构	2	1					5	2	10
平行式折叠凸片结构		2							2
三维立体结构							1		1
省缝结构	1								1
透明件结构							1		1
透气结构					2				2
凸缘提高平行式折叠结构	2								2
呼吸阀结构						1			1
吸湿垫结构	1								1
杂色纤维构造						1			1
罩体加入加强元件	1								1

（续）

功效 1 级 技术 2 级	保持形状	便携性	过滤性能	可替换	舒适稳固性	特殊效果	贴合密封	有利生产	总计
一体式接合呼气阀结构					1				1
罩体结构中添加密封件与支撑结构（带子）连接							1		1
褶皱过滤结构		1							1
周边摩擦系数高的结构							1		1
总计	19	4	2	5	15	8	17	8	78

通过罩体结构专利技术 2 级 – 功效 1 级矩阵表可以分析出，在呼吸阀结构和平行式折叠结构方面对于效果的改进是比较多的，对于保持形状、密封贴合的效果有比较大的贡献。

2. 专利分析系统

现在市场上有非常多的专利分析系统，有的系统和检索系统合并在一起，可以直接对检索结果进行分析，有的是单独的分析系统，用户需要导入数据进行分析。无论哪种类型，其本质就是设定好程序，对数据的字段、内容等进行分析，以得出分析结果，这种结果一般采用可视化的方式呈现出来，下面介绍专利分析常用的可视化图表。

专利分析中用到的图表类别丰富多样，其中较为常见的包括：发展趋势图、份额图、排名图、专利维持周期图、技术 – 功效矩阵表等。

在专利分析中，经常需要对一个技术领域或一个公司的专利技术的发展动向与发展趋势进行分析。在专利分析报告中，企业一般采用发展趋势图，其展现了特定技术领域与其技术分支、申请人、国家 / 地区的专利量的历年变化情况。一般而言，用来展现专利量随时间发展变化的发展趋势图主要采取折线图和柱形图来表现专利申请趋势如图 3-8 所示。

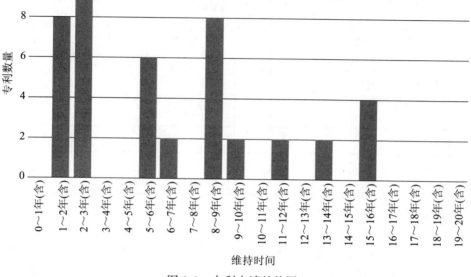

图 3-8　专利申请趋势图

　　折线图是专利分析在展现专利数据发展趋势方面使用较多的一种图表。折线图容易绘制、简洁紧凑，能够清楚地表现上升、下降、波动和保持不变等趋势，其强调的是变化的趋势。一张分析图中可以采用多个折线图，能够将不同项目类别之间的发展趋势进行比较。柱形图也是专利分析中用于反映申请专利量随时间变化的常用表现形式。如果企业不仅需要反映专利数据随时间的整体变化情况，还需要对其中每一时间点的数据进行更细化的对比，那么可以考虑选取柱形图对这种时间序列的相对关系进行表征。

　　企业可以通过份额图对各国申请人在某一国家或地区的专利申请量的所占比例进行分析，可以了解各国申请人对某一市场的关注程度。通过对某一企业在不同国家或地区提交的专利申请量的分析，企业可以了解专利布局情况。对于各技术分支或者各企业的专利数据，份额图均可进行各种构成分析，帮助企业深入了解各层次、各维度的专利技术分布以及布局情况。反映这种构成分布数据关系的份额图通常采用饼图和圆环图来表现。

　　在专利分析中，企业经常需要按照申请量对特定技术领域的相关申请人进行排名，从而了解该技术领域中的主要公司，同时也可识别竞争者或者寻求可能的技术合作者。其中，申请人排名可以是整个行业的排名，也可针对各个市场进行排名分析。排名图主要反映项目比较的数据关系，可以采用柱形图、条形图和数据列表的形式来展现。

专利维持周期图是反映某一申请人专利维持的态势，判断该专利权人在专利维持、投入方面的活跃度。

为了确定新的研发方向，企业必须准确掌握市场、技术、应用等各种需求，了解专利申请热点和空白点，从而避开"红海"，走进"蓝海"。通过制作技术–功效矩阵图，企业可以分析特定技术领域的各种需求矩阵。矩阵分析可针对整个技术领域进行，也可针对某个技术分支进行，如之前分析的3M口罩专利的技术–功效矩阵表。

3.3 专利分析与专利竞争情报

专利分析是专利竞争情报活动的必经环节之一，专利分析结果是专利竞争情报的来源之一，专利分析法是形成专利竞争情报必须使用的方法，专利竞争情报与专利分析存在密不可分的联系。

专利分析是对专利信息的内容、专利数量、数量的变化、不同范围内各种量的比值（如百分比、增长率等）以及对专利文献中包含的各种信息进行定向选择和科学抽象的研究，以挖掘、揭示专利信息中的事实、关联，发现技术热点趋势。

专利分析通过对专利说明书、专利公报中的专利信息进行加工、组合，并利用统计方法或技术手段将信息转换为具有纵览全局及预测功能的情报。经过专利分析，原始的专利信息从量变到质变，由普通的信息上升为企业经营活动中有价值的情报。

通过专利分析，企业可以对某一技术领域进行分析，评价该技术领域的成熟程度和发展前景，发现新的技术生长点，评估今后的技术发展动向，从而给出技术评价并进行创新评估。常用的专利分析方法有很多种，可以将其分为定量分析和定性分析两大类。

定量分析是依据统计数据建立数学模型，并用数学模型计算出分析对象的各项指标及其数值的一种方法。定性分析则是主要凭借分析者的直觉和经验,以及凭借分析对象过去和现在的延续状况及最新的信息资料,对分析对象的性质、特点、发展变化规律进行判断的一种方法。在专利分析方法中,定量分析主要应用于管理层面的分析,定性分析主要应用于技术层面的分析。在实际工作中,定量分析与定性分析常配合使用。在进行定量分析之前,企业需要借助定性分析确定所要分析的专利指标的性质;在进行定量分析的过程中,企业又需要借助定性分析确定现象发生质变的数量界限和引起质变的原因。因此,将定量分析与定性分析配合使用会获得更好的效果。

1. 定量分析

定量分析主要是通过专利文献的外部特征进行数据统计,也就是通过专利文献本身所具有的著录项目来识别相关信息,然后对有关指标进行统计,最后结合相关因素对有关数据的变化进行解释,以取得动态发展趋势方面的情报。定量分析可以从年度、国家/地区、申请人/专利权人、发明人、专利分类、专利引证、同族专利等不同角度进行分析。按照年度进行统计可以帮助企业了解不同技术领域的申请量、授权量的变化趋势,即不同领域的整体发展趋势。例如,以时间为横轴,以专利申请量(或授权量)为纵轴,统计分析专利数量随时间的变化,可以得出有关发明趋势的情报。对各主要竞争者专利申请数量随时间变化的分析比较可以反映出各竞争者技术创新行为变化的快慢和趋势及其技术开发能力的强弱,从而指导研发工作和识别技术领域的演变。按照国家/地区进行统计,可以发现各个国家/地区在不同技术领域所处的位置,有助于了解某一时期各国/地区的科研开发重点,识别其技术策略。按照申请人/专利权人进行统计,可以发现某个领域重要的技术拥有者,或者哪个竞争者在该领域具有重要的地位,即发现竞争对手和潜在的竞争对手。按照发明人进行统计,可以确定某技术领域的研发高产出人群,以及各重要发明人的发明创新能力。对这一群体加以重点关注并开展跟踪研究,将有助于企业了解领域内创新活动的源头,掌握创新动态。按照专利分类进行统计,根据各个技术领域专利数量情况,企业可以了解哪些技术领域的发明行为最为活跃,哪些技术将取得突破。例如,以国际专利分类(IPC 分类)为横轴,以专利申请量或授权量为纵轴,企业可以分析不同技术领域专利申请数量情况，从而获知该领域的技术热点。

作为定量分析的技术生命周期分析，是通过统计一段时间内某项技术相关专利的申请数量和专利申请人数量的变化来绘制技术生命周期图。一般来说，技术的发展可能经历起步期、发展期、成熟期、衰退期、复苏期等五个阶段。技术起步期：专利申请数量和申请人数都较少，领域内研究者不多，研究成果较少，处于实验开发阶段。技术发展期：申请数量和申请人数均大幅增长，较多力量进入该技术市场，多为产品导向型专利。技术成熟期：专利数量继续增加，申请人数量维持不变，前期取得优势的有限竞争者掌握了主要技术并主导着该技术的发展，技术已趋于成熟，以商品改良设计型专利为主。技术衰退期：申请数量下滑，申请人数降低，经市场淘汰仅少数优势竞争者生存，商品形态固定，技术无进展，以小幅改良型专利为主。技术复苏期：技术能否进入复苏期主要取决于是否有突破性创新为技术市场注入活力。通常，技术处于发展期，企业可以加大研发投入，而处于衰退期时则应该减少研发投入。

2. 定性分析

定性分析是以专利的技术内容或专利的"质"来识别专利，并按照技术特征来归纳有关专利并使其有序化。定性分析主要通过专利的摘要和说明书分析专利的技术内容以及达到的效果。定性分析包括专利技术分析、专利技术演进分析、专利技术监测分析、技术保护分析、专利聚类分析等。需要说明的是，上述定性分析均在一定程度上包含量的统计，只是在分析方法上更偏重于"质"的识别，因此把它们归类在定性分析方法中。

专利技术－功效分析通常用矩阵表示，横栏第一栏列出专利中所要达到的不同功能或效果，纵列第一列表示出专利中采用的不同技术手段，在矩阵中央列出采用了某技术手段实现某一功能效果的专利数量。将该技术领域的所有专利按照其记载的技术内容和功能效果分门别类地依次填入适当区域，从而形成专利空白区、疏松区、密集区的矩阵分布表。通过研究专利技术－功效矩阵中各区域的密度分布情况，企业可以区分出技术密集区、地雷禁区、尚未被开发区域以及有利可图的区域。企业可以分别找出这些区域所在位置，进行技术挖掘或技术创新。对于地雷禁区，则进一步分析判断是否有专利回避设计的可能，或考虑与专利权人进行交叉许可。此外，企业还可以找出自身技术（或设计）所在位置，查看该技术是否有其他竞争对手已取得专利，这可以作为初步判断侵权的依据。最后，根据表中的有利可图区域、尚未被开发区域拟定下一步研究开发策略。

专利技术演进分析结合专利引用文献和被引用文献数量、同族专利数量等信息，将专利重新整理以发现关键技术及专利，并配合技术分布矩阵的技术分支分布情况，绘出技术演进图。技术演进图的横轴为时间轴，纵轴为不同的技术分支。企业可以将某一技术领域的几个不同技术分支的技术演变，即"起源""历史"和相应的"关键专利"体现出来，并在每类技术分支的发展方向上辅以文字叙述。技术演进图从宏观上反映了该技术领域的发展和技术趋势情况，可以发现关键性技术和专利壁垒，为企业提供有效的技术决策参考。

专利技术监测分析是指以科学技术信息、数据分析为基础，以数据挖掘、信息萃取、知识发现和数据可视化技术等为手段，对科学技术活动进行动态监测、分析及评估的方法。专利技术监测首先需要将专利数据库中结构化的数据和专家知识等非结构数据作为信息源，并进行长期不间断的自动监测，以获取所需数据，然后通过信息抽取、聚类分析、关联分析、监测指标等对获取的数据进行分析和挖掘，最后通过数据可视化技术、信息萃取和文本报告自动生成技术将挖掘出的信息表示出来，自动生成某专项技术领域的技术动态监测报告。

技术保护分析旨在分析某一技术方案是否受到法律的保护以及预期保护的年限等，从而避免侵权。由于专利的法律状态是动态变化的，要想判断一个专利是不是失效专利，首先要对专利的法律状态进行检索，并进一步通过专利登记簿加以证实。专利法律状态检索是指对一项专利或专利申请当前所处的状态进行检索，其目的是了解专利申请是否授权，授权专利是否有效，专利权人是否变更以及与专利法律状态相关的信息。专利登记簿是发明、实用新型和外观设计专利申请授予专利权后专利局记录其法律状态及有关事项的文件。随着法律状态的变化，一项专利受《专利法》保护的情况也会随之变化，适时的专利法律状态检索可以帮助企业或研究机构规避侵权，合理、有效地利用失效专利信息。如果一项专利通过法律状态检索后确定是失效专利，企业还需要判断其同族专利是否失效、相同的技术是否存在有效专利等,从而降低专利侵权风险。判断一个专利的同族专利是否失效,首先要进行同族专利检索,检索出该专利的同族专利,然后再对它的同族专利进行法律状态检索。判断相同的技术是否存在有效专利,企业需要进行如下检索并判断:利用失效专利的名称,在有效专利数据库中进行检索,查找与之名称相同或相近的专利;利用失效专利的相关技术,在有效专利数据库中进行检索,查找与其技术相同或相近的发明创造;针对专利权人或发明(设计人)进行检索,查看同一发明人是否还有与之相关的有效专利存在。将检索出的有效专利和该失效专利从用途、原理、材料、结构等方面进行认真比对分析,并生成预警报告。如果发现有效专利与失效专利保护的是同样的发明创造,或该有效专利的保护内容覆盖该失效专利保护的内容,那么企业一定要避免直接使用这种情况下的失效专利,以免造成侵权。

专利聚类分析可以根据处理数据的属性,将专利文献中的著录项目划分为一系列有意义的子集。聚类分析可以采用层次凝聚和平面划分两种方法。层次凝聚法是将每个文本文件看成一个具有单个成员的簇,计算每对簇之间的相似度,选取具有最大相似度的簇,合并这两个簇为一个新的簇,反复进行此过程直到剩下一个簇为止。平面划分法则是完全不同的程序,即聚类开始时将全部样品作为一类,按照某种原则分解成两类或三类等,然后对分解出的各类别再继续分解,直至到达分解的终止临界点,形成层次化的嵌套簇。由于专利聚类分析是基于内容的挖掘与分析,是从概念特征和内容的角度对专利中包含的技术特征(如技术术语、关键词等)进行更深层次的分析。专利聚类分析从横向分析可以测度不同专利文献间的相似性与关系,从纵向分析可以发现各领域技术间关系的演变和发展趋势,从而引导出新的预见和决策依据。因此,专利聚类分析可以实现以下两个目的。第一个目的是了解专利技术布局。通过对某个技术主题下的文本信息进行聚类后,企业可以将该技术划分为若干个子技术,并揭示各个子领域的分布情况。例如结合国家或地区,企业可以了解区域的技术优势与劣势。第二个目的是掌握专利技术发展态势。企业在掌握专利技术布局的基础上,结合时间维度进行分析,了解技术发展的态势,发现技术热点或新兴技术。

3.4 高价值专利的评价和专利质押

专利价值的衡量一直是困扰国内外知识产权界的难题。近年来，各大企业、科研单位、知识产权评估机构从专利的含义、特性、价值等方面出发，设计了一系列的评估方法。例如赵晨（2006）认为影响专利价值的要素包括专利的定性分析方法、定量分析方法、定价分析方法或者其组合。专利的定性分析方法即通过对专利的创新程度、保护范围、专利寿命周期、法律状况等维度的评估来衡量专利的价值。定量分析方法通常分析技术专利包的专利数量、专利家族数量，通过成本法、市场法、收益法的鉴定以及专利技术所涵盖的技术市场等因素来确认专利的价值。程文婷（2011）在专利资产的价值评估一文中也总结了成本法、收益现值法和市场现价法，并建议以重置成本法评估出交易价格的下限，以收益现值法评估出交易价格的上限，便于谈判在此之间的展开，并以市场现价法评估出了参考价格，实现了资产的最佳转移价格。范丽斌、徐惠珍（2008）提出了基于实物期权的专利权价值评估的方法，从期权投资的角度计算专利所带来的回报并由此判断出了专利的价值。李成（2019）则认为成本法、市场法、收益法等传统评估方法在实际操作中有许多局限性，进而提出了一种基于收益法和模糊综合评价相结合的专利价值评估法。该方法将模糊综合评价方法应用到收益法中分成率指标的确定中，评估专利在未来长时间的获利能力，具有更高的准确性。刘剑锋、刘梦娜、何丽娜、李杰（2018）从专利全生命周期出发，总结了专利的先进性、成熟度、可替代性等19种可量化的二级指标，通过层次分析法量化出专利的技术、法律、市场、战略评分。张建申、陆群、谢智敏等（2018）也从不同角度总结了评估专利价值的方法，或者介绍了各种专利价值的评估工具。

综合现有的文献研究来看，现有的专利评估方法研究主要是围绕专利特性和价值的量化评估。定量法可能更适用于将公司的全部专利作为整体的无形资产进行价值评估。然而其中很多方法如期权法、成本法等，更多的是从财务角度出发。对企业知识产权从业者来说，其操作难度太大，无法将其融合到日常的专利工作当中并对提升专利实务水平进行引导和促进。

3.4.1 专利的价值及评价

当前我国知识产权关注的焦点从以往的专利数量转变为专利质量、专利价值。获取高价值专利成为企业开展知识产权工作的新目标。而随着企业专利保有量越来越大，如何有效盘点专利的价值，如何放弃部分低价值专利来控制成本，也成为企业知识产权管理下一步工作的重点。但在现实中，无论是政府部门，还是企业，都很难通过现有的价值评估方法来甄别专利的价值高低。因为现有对于专利价值的考量常常会包含专利的技术性、法律性、经济性、撰写质量等评估维度，以及众多的专利价值评估体系。然而，企业在实际操作中很难有效评估这些维度。对于法律性，它可能包含专利权稳定性、专利权范围、专利权维权举证等方面内容。对于专利的撰写质量，企业如果没有经过相关的分析也很难得到验证。对于市场价值，现有的研究都是通过多种复杂且难以理解的财务工具来推算专利的市场价值，但通过这些方法很难直接理解其背后的含义。究其原因，现有的专利价值评估方法或体系还是过于概念化、复杂化，看似高大上，但实际很难接地气，并没有真正从专利的本质和特性来考察专利的价值，因而不利于企业专利管理人员开展有效的实操工作。谢智敏、范晓波、郭倩玲等学者就曾指出专利在收益、风险等维度上具有不确定性，这使得专利价值评估工具的可应用性很难确定。

无论是专利的性质，还是实际的操作层面，专利评估回归本身的法律特性都是必要的。对于专利的性质层面，根据市场经济理论，市场经济就是法制经济，要求严格的法律规范，而专利评估作为一种市场经济行为，法律规范在其中的重要性也不言而喻。无论采用何种专利评估方法，法律因素都具有决定性的影响。在实操中，从专利法律性质出发评估专利价值更加直观。胡彩燕、王馨宁认为，专利的技术价值和经济价值评估受时间、不同行业评价方法差异的影响较大，且要求评估者具有丰富的行业知识和宏观背景知识，这使得对技术价值和经济价值的评价主观性较强，不具备普及性，而法律价值更具备客观性和直观性，对专利法律价值的评估具有更好的前景。

在专利价值评估的实务中，企业专利工作者很少用到上述提到的各种定量工具，而是在专利的保护范围涵盖了产品或技术的时候，从专利的法律稳定性和专利可规避性的角度去考虑。单个专利之所以有价值，在于其通过权利要求的保护范围划定了可以为专利权人单独实施而不受其他人侵害的权利,对于企业来说具有非常大的战术价值。因此,专利的价值体现在专利权的保护范围的大小以及专利的稳定性上。保护范围足够大,竞争对手难以规避。稳定性足够强,竞争对手难以通过无效手段无效其专利。拥有上述两个重要的特性就足以体现专利的大部分价值。企业在行使其专利权时就会减少很多的阻碍,竞争对手也不得不绕开专利的保护范围或者请求与专利权人进行许可谈判或转让。许可或转让的具体金额是双方合意的结果。

1. 从专利无效角度看专利的稳定性

回归到专利权的本质,作为一个法律授予的权利,专利的价值在于专利权人能够有效地行使该权利。专利权的稳定性显然是行使专利权的必要基础。权利存在才有价值体现的基础,因此考量专利价值应当首先考虑专利权的稳定性。

世界上大多数国家的法律体系中,都存在专利无效的程序。当专利权人行使专利权要求侵权人停止侵权并赔偿损失时,侵权人有权通过无效程序挑战该专利权。如果挑战成功,专利权被无效,那么原专利权人马上丧失了行使权利的基础。而如果一旦专利权被维持,那么被侵权人仍然需要承担其侵权带来的风险。显然,专利权是否经得起挑战,其稳定性是否强,对专利权人行使其专利权来说至关重要。

专利权的稳定性不是一个静态的参数,其受到无效的次数以及现有技术的组合方式不同的影响。以著名的自拍杆 ZL201420522729.0 号实用新型专利为例(以下简称"自拍杆专利"),该专利经历了多次专利无效案件,其专利具有高度稳定性,如表 3-3 所示。由于专利权无效的理由和证据结合往往是有限的,以及一事不再理原则,后续能使用的理由和证据的结合将会越来越少,进而导致了无效难度越来越高,专利权的稳定性也就趋于越来越强。显然,通过这么多次的无效挑战依旧能够维持有效,证明了该专利的专利权是坚不可摧的。这会给予专利权人和其他实施该专利权的有关实体以信心,更加坚定地实施该专利并通过法律手段去维护自己的专利权不受侵犯。通过裁判文书网的搜索可以查询到有 1 000 多件涉及该专利的相关判决,其中一审胜诉近 1 000 件,诉讼效果很明显。

表 3-3　ZL201420522729.0 号专利无效案件列表

序号	决定号	无效请求人	决定日	无效决定
1	WX28758	深圳市时商创展科技有限公司	2016-03-23	权利要求 1 无效，权利要求 2～13 维持
2	WX30006	深圳市骏景升科技有限公司	2016-08-31	权利要求 2～13 维持
3	WX31285	蒋勇	2017-01-18	权利要求 2～13 维持
4	WX31320	广州一小时通信设备有限公司	2017-01-18	权利要求 2～13 维持
5	WX33398	余姚市豪涵电器有限公司	2017-09-18	权利要求 2～13 维持
6	WX34255	雷武	2017-12-07	权利要求 2～13 维持
7	WX35918	余姚市星源灯具金属厂 余姚市豪涵电器有限公司	2018-05-29	权利要求 2～13 维持
8	WX35919	深圳市韵美饰界科技有限公司	2018-05-29	权利要求 2～13 维持
9	WX36151	中山市云腾摄影器材有限公司	2018-05-29	权利要求 2～13 维持
10	WX36795	北京华信通电讯有限公司	2018-07-24	权利要求 2～13 维持
11	WX38035	庄盈	2018-11-22	权利要求 2～13 维持

与此相反的一个案例是高通公司 2017 年在福州中院提起的诉讼。高通公司认为苹果公司四家中国子公司侵犯自己专利号为 ZL201310491586.1（即有名的滑动关闭专利）和 ZL200480042119.X 的两项发明专利，并在诉讼中申请了诉中临时禁令，要求禁售苹果公司"iPhone 6S、iPhone 6S Plus、iPhone 7、iPhone 7 Plus、iPhone 8、iPhone 8 Plus 和 iPhone X"等产品，为此高通公司提供了高达 3 亿元人民币的担保。作为诉讼专利，这两项专利均为高通公司受让获得，在提起诉讼后，苹果公司均对该两项专利分别提起了两次专利权无效宣告，最终 ZL201310491586.1 号滑动关闭专利维持有效，而 ZL200480042119.X 号专利则在第二次无效决定中宣告专利权全部无效，专利权自始不存在。相关专利无效案件如表 3-4 所示。

表 3-4 ZL201310491586.1 和 ZL200480042119.X 专利无效案件列表

序号	专利号	专利名称	决定号	请求人	决定日	无效结果
1	ZL201310491586.1	计算装置中的活动的卡隐喻	WX36696	苹果电脑贸易（上海）有限公司	2018-07-20	全部维持
2	ZL201310491586.1	计算装置中的活动的卡隐喻	WX41889	苹果电脑贸易（上海）有限公司	2019-09-30	全部维持
3	ZL200480042119.X	具有人机工程成像功能的移动终端	WX36594	苹果电脑贸易（上海）有限公司	2018-07-09	全部维持
4	ZL200480042119.X	具有人机工程成像功能的移动终端	WX41004	苹果电脑贸易（上海）有限公司	2019-07-08	全部无效

由于 ZL200480042119.X 号专利的稳定性不佳并被全部无效，导致专利自始不存在，进而专利权人再无行使其权利的基础，所以该专利的风险自动解除。而对于 ZL201310491586.1 号专利，苹果公司通过技术升级也完成了不侵权规避的操作，使得高通公司在该诉讼中难以占据优势，最终高通公司选择与苹果公司和解。

从自拍杆以及高通公司这两个案例中可以看出，专利权的稳定性对专利价值的直接影响是非常明显的，而专利权的稳定性最终仍然需要通过专利权无效挑战来得到验证。因此，笔者建议在实际专利工作中，通过检索证据，结合理由的方式，以模拟专利无效程序的判断方法，从专利权无效宣告角度来实现专利稳定性可操作的评估，进而将其作为判断专利价值的一个重要参考指标。

另外，专利的稳定性的评价方法依据专利的类型的不同而存在不同的标准，因此在专利权无效实务中，也需要考虑专利的类型。《专利审查指南》第四部分第六章"无效宣告程序中实用新型专利审查的若干规定"在关于创造性审查中就明确指出："根据专利法第二十二条第三款的规定，发明的创造性，是指与现有技术相比，该发明具有突出的实质性特点和显著的进步；实用新型的创造性，是指与现有技术相比，该实用新型具有实质性特点和进步。因此，实用新型专利创造性的标准应当低于发明专利创造性的标准。"两者在创造性判断标准上的不同，主要体现在现有技术中是否存在"技术启示"。对于发明专利而言，不仅要考虑该发明专利所属的技术领域，还要考虑其相近或者相关的技术领域，以及该发明所要解决的技术问题。对实用新型专利而言，一般着重于考虑该实用新型专利所属的技术领域。对发明专利而言，可以引用一项、两项或者多项现有技术评价其创造性。对实用新型专利而言，一般情况下可以引用一项或两项现有技术评价其创造性，对于由现有技术通过"简单的叠加"而形成的实用新型专利，企业可以根据情况引用多项现有技术评价其创造性。

因此，企业可以认为，如果要无效同样内容的发明专利和实用新型专利，那么相对而言实用新型专利要求的条件更高，因此难度相对也更高。以自拍杆专利为例，如果当初专利权人申请类型为发明专利，那么专利权的稳定性反而没有申请类型为实用新型的专利权高。企业在选择专利申请类型的时候需要结合技术、市场、成本以及稳定性需求来进行综合评估。若技术周期不长，但是市场活跃，申请一份合格的实用新型专利不仅成本低，而且专利权的稳定性更高，更有利于维权和诉讼。因此，无论从确权诉讼，还是从专利稳定性来看，实用新型专利的价值反而会更高。

2. 从专利规避角度看专利的威胁性

专利权稳定性固然是专利价值体现的基础，例如前面高通公司案例中的ZL200480042119.X号专利，一旦被无效，那么专利价值甚至可以直接归零。但是再稳定的专利，如果容易被实现技术规避进而不算侵权，那么该专利的价值毫无疑问也会受到很大的负面影响。

高通公司起诉苹果公司的案件中，福州中级人民法院支持了高通公司诉中临时禁令申请，禁售了部分型号的苹果手机，其理由是部分苹果手机确实涉嫌落入滑动关闭专利的保护范围，且滑动关闭专利在无效过程中维持全部有效，具有较高的稳定性，但是苹果公司却在无效的过程中，实现了技术规避，在更新的操作系统中实现了不侵权。

滑动关闭专利的权利要求看起来技术方案很复杂，但是技术方案核心可以概括为在触摸显示屏中出现多个应用卡片时，用户进行的两种操作。

- 左右滑动屏幕时，应用卡片跟随左右移动。
- 向上移动某一应用卡片时，该应用卡片跟随向上移动，并关闭，其余应用卡片填补该卡片的位置。

苹果公司的专利规避如图 3-9 所示。

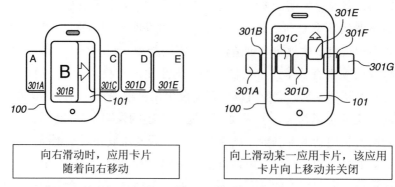

图 3-9　苹果公司的专利规避

苹果手机 iOS12.1.2 版操作系统之前的多应用展示、选择和关闭方式确实与滑动关闭专利的专利权利要求 1 记载的技术方案高度一致。但是苹果公司在第一次无效过程中，发现存在一种将"擦拭"手势替换系统中滑动卡片向上，来实现关闭应用卡片这一技术特征的替代方案，此方案不同于 ZL201310491586.1 号专利权利要求 1 记载的技术方案，不会侵犯该专利权。

因此，对苹果公司来说，对滑动关闭专利的技术规避方向就是改变应用卡片的关闭动作，该关闭动作与滑动卡片向上关闭不相同即可，最终苹果手机 iOS12.1.2 版操作系统中更新了应用卡片的关闭动作，当用户向上滑动应用卡片时，应用卡片不会随之向上移动并关闭，而是会缩小并关闭。显然，苹果公司的这个方案，实现了对高通的滑动关闭专利的技术规避的同时，能够有效兼顾用户的使用习惯、展示效果等，与原来的关闭方式效果几乎等同，是相当完美的技术规避方案。

由于高通起诉苹果的另一个专利已经被无效，而苹果公司通过规避设计，绕开了未被无效的滑动关闭专利，成功地化解了高通公司的诉讼攻击，也为两个公司之间的和解谈判争取到了更有利的筹码。而对于高通公司来说，两个涉案专利的威胁由于无效和规避几乎化为零，该诉讼无法发挥最佳的谈判效果。

反观自拍杆案，此产品经过了专利无效的检验，稳定性得到了证明。下面本书从专利规避的角度来分析该专利。

该专利的权利要求 2 记载（权利要求 1 已经被无效，下横线部分为权利要求 2 的附加技术特征）：

"一种一体式自拍装置，包括伸缩杆及用于夹持拍摄设备的夹持装置，所述夹持装置包括载物台及设于载物台上方的可拉伸夹紧装置，其特征在于：所述夹持装置一体式转动连接于所述伸缩杆的顶端，<u>所述载物台上设有一缺口，所述夹紧装置设有一与所述缺口位置相对应的折弯部分，所述伸缩杆折叠后可容置于所述缺口及折弯部分。</u>"

上述技术方案可以概括为：一体式转动连接的自拍杆结构（此技术方案范围已经被现有技术公开），其零件不易丢失；设置了缺口和折弯部分来容纳伸缩杆，使得自拍杆收纳后占用空间最小。关键技术手段为"一体式转动连接"以及"缺口""折弯部分"的组合。自拍杆打开状态如图 3-10 所示，自拍杆收纳状态如图 3-11 所示。

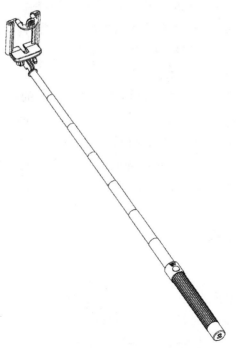

图 3-10　自拍杆打开状态示意图

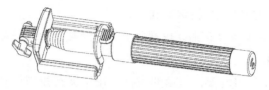

图 3-11　自拍杆收纳状态示意图

从无效的记录来看，现有技术中提供了一体式转动连接的自拍杆结构技术方案，也有类似于设置了缺口和折弯部分来容纳伸缩杆这样的技术方案，但是无论是从成本、结构、美观还是从用户体验角度而言，自拍杆专利的权利要求 2 的技术方案都实现了目前最完美的平衡，其他公司想实现如苹果公司对 ZL201310491586.1 号滑动关闭专利类似的技术规避难度很高，为了避免侵权只能选择改劣，即规避后的技术方案在成本、使用效果等方面要比自拍杆专利差。由于该自拍杆投放市场已经形成一定的市场效应，而价格也相对比较适中，改劣并不能在市场中占据优势，因此即便改劣后没有侵犯自拍杆专利，也不能给改劣制造人带来可观的经济效益，所以从专利规避角度看，自拍杆专利的威胁比较大，这也说明了为什么市场上有如此多的涉嫌侵犯自拍杆专利的行为，而自拍杆专利在起诉侵权的过程中也充分体现了专利排他性为权利人带来的巨大的经济价值和竞争价值。

因此，通过专利规避角度，自拍杆专利对行业的威胁要比滑动关闭专利大，而权利人在实际维权中也证实了这一点，导致了两个专利诉讼走向完全不同。从专利规避角度可以看出专利权威胁性。因此，在实际专利工作中，通过检索在先技术（也可结合无效角度的证据），结合领域的常规技术、公知技术等，企业应该以专利权规避角度来评估专利的价值。

3.4.2　专利质押融资

1. 专利质押

专利质押是权利质押的一种形式，权利质押是指以特定权利作为担保物的质押形式。专利质押作为担保物权的一种重要形式，在现代社会中发挥着越来越重要的作用，它不仅是专利权自身价值的体现，同时，从整个担保与融资市场上来看，它还具有担保价值与融资价值。专利质押融资是指债务人或者第三方担保人依法以其合法拥有的专利权中的财产权利出质，将该财产权作为债权的担保。债务人不履行债务时，债权人有权依法以该财产权折价或者以拍卖、变卖该财产权的价款优先受偿。专利质押融资实质上是企业或者个人通过拥有的专利作为质押物，从银行获取贷款的一种信贷产品。专利质押融资作为贷款融资市场中的一种新的融资形式，在发达国家已经十分普遍，但在我国仍处于起步阶段。从国内各地方的知识产权质押融资运作模式来看，质押融资实现方式各不相同。根据政府承担的角色以及参与程度不同，主要分为自由型专利质押融资、政府主导型专利质押融资、政府服务型专利质押融资三种类型。这三种类型在政府的参与程度、质押模式、担保模式等方面有所区别，企业根据对应的模式进行材料准备、条件审查和申请。三种模式中，企业可以将自身的专利权作为质押物，从银行获得相应贷款，并获得政府的贴息和补偿，以缓解或解决中小企业融资难的问题。

对于自由型专利质押融资，政府以出台政策引导为主，避免过多的行政干预，主体由市场进行，基本实现市场化操作，由银行承担主要风险，质押率会受到一定影响。

对于政府主导型专利质押融资，政府起到担保和分担风险的作用，降低担保的成本，但是政府承担较大的风险。

对于政府服务型专利质押融资，以政府推动为主，引入专业担保机构，减轻政府的负担，在一定程度上降低银行的风险，但企业会相应地增加融资成本，融资速度也受到影响。

2. 专利质押融资的操作流程

由于各地政府部门在专利质押融资过程中扮演的角色与参与程度不同，各银行办理专利质押融资对企业的要求及办理流程也不尽相同。下面以北京、上海浦东新区、武汉为代表，详细介绍专利质押融资的贷款条件、期限、额度与流程。

其中，北京市的专利质押融资有多家银行参与，目前大部分贷款是由交通银行北京分行推出的"展业通"产品来完成业务。上海浦东新区主要通过上海银行浦东分行完成，银行承担风险为1%～5%，在控制风险方面较为谨慎，发放贷款方面较为被动。武汉市的金融机构较为积极，交通银行武汉分行已经办理了部分质押融资贷款业务，中国人民银行武汉分行正在尝试此业务，其他的小额贷款公司也对此业务表现了极大的兴趣。

（1）北京市专利质押融资操作流程。北京市的专利质押融资流程一般包括下面3个步骤。

申请阶段。企业完成专利权登记后，向交通银行北京分行申请专利质押贷款。

审查评估阶段。银行审查阶段分两步进行，一是银行进行资格审查，审查申请专利质押贷款的企业是否满足申请条件；二是银行进行贷前初步调查、企业状况调查、专利权调查及专利价值评估，根据企业状况、专利权法律意见书及专利权价值评估形成授信报告。

授信审批及贷款发放阶段。根据授信报告，如果审批通过，那么由分行审查审批，企业与银行签署借款合同以及专利权质押合同；企业办理专利权质押登记手续后，银行向企业发放贷款。

（2）上海浦东专利质押融资流程。上海浦东模式的专利质押融资流程主要参与者包括上海浦东新区生产力促进中心（以下简称"生产力中心"）、浦东新区科技发展基金管理办公室、浦东新区科技委员会、相关银行和企业，具体包括以下步骤。

申请阶段。申请企业向生产力中心提交申请资料，生产力中心受理接收申请企业提交的申请资料。

评估阶段。首先，由上海浦东新区知识产权中心等单位对企业提供质押的专利进行评估，并提交评估意见。其次，生产力中心从资料、现场、银行、客户、政府等方面审查企业是否符合申请条件以及是否具备还款能力，并结合评估单位出具的评估意见出具经所在部门负责人审核的审查意见。

担保阶段。担保阶段包括担保方案的制定和审批，先由生产力中心拟定担保方案，经科技基金管理办公室复核后，报浦东新区科技委员会审批；然后，生产力中心根据科技委员会审批的决定做出担保确认，向银行出具担保确认文件，但担保的额度不超过质押的专利权评估价值的80%；最后，对于银行审查通过的贷款企业，生产力中心与银行、企业签订担保合同，同时与企业签订专利权质押和信用反担保合同。

合同登记及贷款发放阶段。首先，知识产权中心为企业向生产力中心提供质押的专利权办理质押合同登记或合同鉴证。其中，企业不得转让经过质押登记或鉴证的专利权。其次，银行与企业办理贷款手续，企业按要求使用资金。最后，生产力中心将获得贷款的企业担保资料按要求报浦东新区科技发展基金管理办公室备案。

（3）武汉专利质押融资流程。武汉模式结合了北京模式和上海浦东模式的特点，引进专业的担保公司作为担保主体，在进行专利质押融资时，担保公司也是参与的主体之一。下面是具体的质押融资流程。

申请阶段。借款人向贷款人提交专利质押融资贷款申请资料以及贷款人受理借款人申请。

担保阶段。贷款人在受理借款人专利质押贷款申请时，还可寻求其他形式的担保作为补充，包括贷款人可要求借款企业法定代表人及其他高级管理人员以其个人资产为该项贷款提供补充担保，当出现贷款风险，处置质押专利权不足以弥补贷款人损失时，借款企业法定代表人及其他高级管理人员应承担相应担保责任。贷款人可寻求专业担保机构提供补充担保支持。鼓励和支持武汉科技担保有限公司等担保机构为专利权质押贷款业务提供担保服务。对于担保机构担保的专利权质押贷款，当出现贷款风险，处置质押专利权后仍有损失的，贷款人应与担保机构协商合理确定最后损失的分担比例。

审查阶段。银行对专利质押融资贷款进行审查，一般考察借款人的还款能力和征信状况，注意审查专利权的有效性及市场价值等。

合同签订及贷款发放阶段。首先，经审查拟批准质押贷款的，贷款人必须与借款人签订书面的借款合同及专利权质押合同，明确借贷双方、质押双方当事人的权利义务。其次，专利权质押合同签订后，借款人（或出质人）应向国家知识产权局办理专利权质押登记手续，并将借款合同、专利权质押合同、专利权质押合同登记情况等报送武汉市知识产权局备案。最后，贷款人应当按照专利权质押合同及借款合同约定及时办理发放质押贷款手续，向出质人发放贷款，并妥善保管出质人移转的专利权证书及其他相关资料。

总结三种模式的专利质押贷款流程可以发现，三种模式各有利弊，参与主体也有所差别。企业在进行相应模式下的专利质押贷款申请时，应当结合模式的相应特点对企业自身的专利数量、质量、核心竞争力、经营状况、未来发展需求进行分析，对企业的专利进行有效管理，从而在提交专利质押贷款申请时建立有利的地位，争取获得最大程度的贷款支持。此外，政府部门的贴息、补偿等措施也是企业可以借助和利用的方式。

3.4.3 企业中的专利质押融资管理工作

国内专利质押融资分为多种不同的模式，在操作和参与主体上有所差别。对企业而言，不管是哪种模式，都具备一些共性的内容，在管理上要按相应的流程逐步推进。同时，针对企业所处的专利工作发展阶段，企业还需要注意一些要点。

1. 企业的专利质押融资管理工作主要流程

企业专利质押融资的管理主体是企业的财务管理人员和专利管理人员；对接受质押的贷款人来讲，管理主体则主要是自己内部的法律事务管理人员。

实施专利质押融资，主要有三大工作：评估、签署质押合同、质押登记。

评估就是对拟作为质押物的专利进行估值，这是贷款人接受专利质押的基础。如果某专利评估的结果是分文不值，显然贷款人是不可能接受该专利作为质押物的；如果专利评估的结果是价值连城，甚至大大高于贷款人贷款给借款人的金额，那么贷款人的贷款意愿和接受专利作为质押物的意愿就会增强。

签署质押合同是双方要在专利价值评估的基础上，签署专利质押合同。因为专利质押会涉及较为复杂的权利和义务关系，这些权利和义务如果没有书面的合同来记载，很容易引起纠纷，而且在办理专利质押登记手续时，质押登记机关也会对专利质押提出书面合同的要求。

质押登记是签署专利质押合同后，双方应前往专利质押登记主管机关办理专利质押登记手续，以使专利质押行为生效。

2. 企业专利质押融资管理工作要点

企业专利质押融资管理工作要点涉及企业的专利数量、质量、企业所在地以及在申请过程中的相关程序和文件处理。企业在内部需要对专利进行选择和排查，保证以最佳的专利形式进行申请，在相关程序和文件处理方面应注意查漏补缺，防范程序性失误导致的不利因素的出现。

（1）加强专利管理，注重专利质量。企业首先应当加强专利管理，把专利工作的重点放在"专利质量"上，按照产品或技术类别进行分类管理，按照专利的重要等级进行分级管理。企业应当重视发明专利的申请和维护，重点挖掘高质量的发明专利，形成有效的专利组合，为价值评估和质押工作奠定良好的基础。

（2）熟悉企业所在地相关规定，掌握企业情况。企业应当认真调查企业所在地的专利质押融资的相关规定，没有规定的，应调查当地目前的专利质押融资状况。企业应审查自身是否满足专利质押融资的条件，是否有满足专利质押融资条件的专利。

（3）调查与选择企业所在地银行。目前，很多银行还没有开展专利质押融资业务，所以企业要调查清楚各银行是否开展了此项业务以及各银行的贷款条件、流程及目前此项业务的现实状况，选择专利质押融资成功案例较多且专利质押融资比较优惠的银行。

（4）精心选择进行质押融资的专利。在选择进行质押融资的专利时，企业应当从专利质押融资的风险出发，精选专利。专利质押融资的风险包括经营风险、法律风险、估值风险和处置风险。企业应尽量减小以上风险，尽快完成金融机构的评估，并尽可能获得较好的贷款条件，如较高的贷款额度、较长的大争议贷款期限以及较高的质押率等。为了尽量减小风险，在具体专利质押融资的专利操作时，企业应该从有效专利权的几个因素予以考虑并采取相关稳定措施着手进行评估。

一是确保专利权维持有效。在实务操作中，有时企业因知识产权管理疏漏而发生未缴纳专利年费致使专利权终止的情况。专利权终止后专利权灭失，申请专利质押融资便无从谈起。企业应加强专利维护，尤其是重要专利维护，避免发生此类低级错误。企业应在有效的专利权中选择进行质押融资的专利，绝不能选择失效的专利。

二是符合企业所在地规定要求。企业应当按照企业所在地对进行质押融资的专利要求选择专利，如北京市要求进行质押融资的专利是企业的核心专利，处于实质性的实施阶段，形成了产业化经营规模，具有一定的市场潜力和良好的经济效益。另外，发明专利现有有效期不得少于8年，实用新型现有有效期不得少于4年。上海浦东要求进行质押融资的专利权有效期尚存年限在5年以上。如果银行对进行质押融资的专利有特殊要求的，企业还须遵照银行的要求选择专利。

三是确保专利权属无争议。企业应当事先理顺专利权属关系。如果专利权存在权利归属关系的争议，拥有潜在的权利归属不确定的因素，隐含着现实的或后续潜在的权属纠纷的可能性，那么企业应当首先理顺权属关系，确保权属申请专利质押融资时或者申请质押期间没有权属争议。因为专利质押融资要经过全体权利人的同意方能进行，如果专利权本身存在权属争议，那么会影响到专利质押融资的安全性。

四是保证专利的稳定性。企业应当事先分析专利权的稳定性。只有专利权稳定，它的运用、经营、价值实现才会成为可能。如果专利权缺乏稳定性，如专利权本身由于无效等原因而丧失，那么专利权价值就不存在。如果专利权在申请专利质押融资过程中被宣告无效，势必导致专利质押融资的失败。如果专利权在银行发放贷款以后被宣告无效，那么由于质押的专利权灭失，银行本身要承担很大风险，可能会采取其他救济措施，例如让企业提供其他相应担保，这势必给企业造成不利影响。

五是提前进行专利价值评估。企业应当事先对专利进行价值评估，专利质押的贷款金额跟专利评估价值成正比例关系。评估机构一般对专利进行评估的因素包括：专利类别；专利剩余期限；专利的权利限制；专利的保护范围；专利以往的许可及转让情况；专利的法律状态；涉及专利的诉讼状况；是否处于无效宣告状态；企业生产的产品技术特征与权利要求记载的技术特征的对比；影响专利资产价值的技术因素，包括可替代性、先进性、创新性、成熟度、实用性、防御性、垄断性等；影响专利资产价值的经济因素，包括专利资产的取得成本、获利能力、许可费、类似资产的交易价格等。

六是专利打包进行质押融资。企业可以将技术上或产品功能上相关联的专利做成"专利包"进行专利质押融资。一方面，"专利包"更能形成有效的保护，所以打包后的专利价值往往大于若干单件专利价值的简单累计相加。另一方面，银行在进行贷款前的调查时会要求企业的专利进行整体质押，整体质押可以减少银行的操作风险，对于企业来说可以获得更高的质押率和贷款额度。

（5）按照规定提交专利质押融资申请材料。企业应当注意的是，各地受理申请材料的单位可能有所不同，自由型和政府服务型专利质押融资的受理单位一般是银行，而政府主导型专利质押融资的受理单位一般是政府机关，如上海浦东新区的专利质押融资的受理单位是上海浦东新区生产力促进中心。企业需要按照受理机关的要求提供申请材料。

（6）根据要求提供其他形式的担保。企业在办理专利质押融资的过程中，有时还会被要求提供其他形式的担保，比如武汉市的专利质押融资，银行可要求借款企业法定代表人及其他高级管理人员以其个人资产为该项贷款提供补充担保或要求专业担保机构提供补充担保支持。所以，企业应事先调查清楚有无此项要求，有要求的，需要做好提供其他形式担保的准备。

（7）签订借款合同与专利质押合同。经审查拟批准质押贷款的企业一般由签订主体企业与银行签订借款合同。专利质押合同的签订主体一般也是企业与银行，但也有例外，上海浦东新区的专利质押融资由于其流程自身的特点，导致专利质押合同的签订主体是企业与上海浦东新区生产力促进中心。所以，企业应当注意专利质押合同的签订主体问题。

（8）办理专利质押登记。专利质押合同签订后，企业应当办理专利质押登记。企业办理专利质押登记应当按照国家知识产权局的要求提交材料，对于需要补正的材料，企业应当在指定期限内予以补正。专利质押登记办理完毕后，银行就可以发放贷款了。一般情况下，专利质押登记是由企业来办理的，但也有例外，上海浦东新区在办理专利质押融资的过程中，是由上海浦东新区生产力促进中心来办理专利质押登记的。此时，企业就无须办理专利质押登记了。

◆ 小结 ◆

本章就技术交底、专利布局和专利组合等涉及企业专利创造环节进行介绍。技术交底是专利形成的重要前序工作之一，交底是否清楚、完整以及恰当，对于所形成的专利质量有重要的影响。而专利创造保护的质量，往往与围绕技术交底形成的专利布局息息相关,通过不同技术交底形成的不同侧重点的专利有机构成的专利组合,可以在一定程度上加强专利创造的威力,提升企业专利运用的基础力量。企业在运营和专利布局过程中需要善于运用专利信息情报,通过检索和分析专利,提高专利报告撰写质量和项目研发的起点,提升工作效率,优化评估技术方案等。获得高质量的专利后,企业应对专利进行评估,并可以开展包括许可、质押融资等运营活动,以获得更多的可投入到专利布局中的资金。

第 4 章

知识产权保护

 开篇案例　从青蒿素到 5G 通信

2015 年 10 月 5 日，中国科学家屠呦呦因对青蒿素的研究获得 2015 年诺贝尔生理学或医学奖。然而，在中国为世界抗击疟疾做出杰出贡献的同时，中国企业的青蒿素药物市场份额占有率很低。每年青蒿素及其衍生物的销售额高达 15 亿美元，但其中中国企业的市场占有量不到 1%。以下 3 个原因造成了这种情况。

第一个原因是提取青蒿素时中国尚无专利申请相关法律。屠呦呦在 1971 年成功提取青蒿素之后，中国成为事实上第一个发现青蒿素可以治疗疟疾的国家，也是第一个成功提取高纯度青蒿素的国家。1972 年 3 月，屠呦呦在南京"5·23"研究项目的会议上报告了她采用低沸点乙醚提取青蒿素的发现，得到了项目组的关注。但是，对于这样一项对科学技术有突出贡献又有巨大市场前景的技术，屠呦呦及其所在的"5·23"研究团队并没有及时申请专利。《中华人民共和国专利法》在 1984 年才出台，在此部法律出台之前，我国没有专利申请机制，专利发明的所有人无法在我国境内提出专利保护申请。

第二个原因是论文披露使得技术失去专利新颖性。在当时条件下，大家都缺乏知识产权的观念和知识，研发技术成果往往通过发表论文的方式公开，屠呦呦和"5·23"研究团队在青蒿素上的研究成果，经原卫生部批准之后，从 1977 年开始，以集体名义陆续在公开刊物上发表论文。论文的公开发表，披露了青蒿素的提取技术，这与专利获取环节的新颖性评价是冲突的。如果当时专利意识够强，虽然我国的《专利法》还未颁布，屠呦呦及其团队仍可向国外申请专利保护。

第三个原因是中国颁布《专利法》后，屠呦呦第一时间提交了双氢青蒿素制备方法专利申请，但是由于缺乏专业的专利撰写代理，专利申请撰写过于简单，权利要求只写了一句话，说明书只有 443 个字，最终专利申请被驳回。另外，屠呦呦的第二件关于双氢青蒿素制剂的专利申请，也没有获得授权。

以上三个原因导致了屠呦呦失去了对自己原创药物的专利权保护，为世界抗击疟疾做出杰出贡献的同时，并没有收获应得的利益。

成立于 1987 年的华为公司在企业发展中也同样遇到了知识产权的问题。随着生产规模的扩大，逐渐有一些国外公司开始向华为公司索取专利使用费，费率最高时竟然达到产品销售收入的 7%，长此以往，企业将难以生存。华为公司开始重视知识产权工作，并把知识产权提升到与企业发展命脉相关的程度。随着相关投入的加大，华为公司最终形成了数万件的专利，其中包括与通信标准相关的专利，这样做使得企业的发展空间得到了保障，并陆陆续续与包括高通、爱立信在内的全球顶尖通信企业达成了专利交叉许可，通过交叉许可专利的方式，降低了专利许可的成本和产品生产、销售的侵权风险，从而获得企业国际化发展的宝贵空间。

知识产权保护不单单是企业发展壮大的重要方面，有时候还是一个产业、一个国家发展战略层面不可或缺的一环。

2014 年，英国政府和美国政府共同宣布它们已对全球定位系统（GPS）的知识产权问题达成共识，将合作解决更广范围的全球导航卫星系统的知识产权问题，同时，英美政府共同承诺确保 GPS 民用信号永远免费并对全世界用户开放。

我国自行研发的北斗卫星导航系统建设由于起步较晚，与美国的 GPS、欧洲的伽利略、俄罗斯的格洛纳斯等卫星定位系统相比，在知识产权布局方面差距较大，此次英美就全球定位系统的知识产权问题达成的共识，对我国北斗产业和相关企业将带来不可预知的知识产权风险。

英美就全球卫星定位系统的知识产权共识，是源于英美两国之间长达 1 年半的卫星定位系统专利纠纷。英国国防部分别在 2003 年和 2006 年提交了两组关于卫星定位信号发送的专利，并随后在包括美国和中国在内的全球近 20 个国家分别申请专利进行保护，这些专利发明人为英国政府伽利略（Galileo）卫星系统发展顾问兼 Inside GNSS 编委会委员和英国国防部国防科学与技术实验室航空系统部导航系统官员，专利申请人（专利权人）则为英国国防部长。从这些信息上看，这些专利已远远超出了个人或企业专利的范畴，例如其中一项专利名称为"信号、系统、方法及装置"，虽然表面上看不出特别之处，但是暗藏玄机。此项专利涉及 2015 年投入使用的第三代 GPS 民用信号以及用于伽利略开放服务的信号。英国国防部还全资成立了一家名为"犁铧创新"（Ploughshare Innovations）的公司，在展会等场所频繁和美国 GPS 厂商接触，目标直指美国 GPS 卫星制造商洛克希德·马丁公司，以及诸多美国的接收机、芯片制造商和信号应用商，声称对方专利侵权，要求其向自己支付专利许可费，由此引发英美两国之间关于卫星定位系统专利的纠纷。

通过分析英国国防部申请的专利内容，我们可以发现发生这些专利纠纷可能并不是偶然的事件。英国国防部申请的专利涉及卫星定位系统兼容操作方面的技术。目前全球卫星导航系统主要有美国 GPS、欧洲伽利略、俄罗斯格洛纳斯和中国北斗四大系统，同时也包括几个区域系统，例如日本准天顶卫星系统和印度区域导航卫星系统。各系统建设完成后，天空将有 120 多颗导航卫星，并彻底改变目前 GPS 主导的局面。数量充足的卫星可保证信号的完好和连续，从而提高定位性能，但前提是必须保证各系统相互兼容且尽量是可互操作的。第三代 GPS 民用信号和伽利略开放服务信号就具有兼容操作的特性，因此，今后各卫星导航系统之间兼容操作是发展的必然趋势，而英国国防部申请的专利正好对应于这种发展趋势。

另外，英国国防部申请这些专利的时机十分巧妙。欧美在 1997 年左右就成立了 GPS-伽利略射频兼容操作工作研究小组并开始相关的研究。2000 年第一个候选方案出台，但局限性很大。2002 年提出了二进制偏置载波调制方案。2003 年方案趋向成熟，此时英国国防部抢先递交第一组专利。2004 年，欧美签署了伽利略和 GPS 信号兼容与互操作协议，基本确定了信号基线。2005 年提出了 CBOC（Composite BOC）方案，并进一步完善得到 MBOC（Multiplexed BOC）方案。英国国防部在 2006 年递交了第二组基于 CBOC 和 MBOC 的专利，而直到 2007 年，研究小组才正式宣布 MBOC 作为民用波段的共有调制方式，但此时英国国防部已经就这些技术标准在全球范围内提交了专利申请，其中一些专利已经获得授权。

更巧妙的是，英国国防部 2003 年的专利族优先权为 2003 年 9 月 1 日，而 GNSS 联盟导航研究所是在 2003 年 9 月 3 日的一份公开论文中提及了兼容互操作的概念，因此，英国国防部申请该概念的专利行为也是充分地考虑了专利的新颖性，说明英国国防部申请这些专利是针对未来全球卫星定位系统兼容互操作发展趋势而进行的有目的性的布局。

英美之间所发生的卫星定位系统专利纠纷，主要涉及两组以"2003.9.1 GB 0320352.8"和"2006.6.20 GB 0612142.0"的英国优先权的美国专利，均是和卫星定位系统信号发送接收相关的，选用的是 BOC 调制技术。目前美国全球定位系统、俄罗斯格洛纳斯系统、我国的北斗导航系统、欧洲的伽利略卫星导航系统，为了节省卫星频率资源并提高导航信号的可靠性，以实现良好的兼容，均在新一代的导航卫星定位系统中采用了 BOC 调制技术，它具有与双相移相键控（Binary Phase Shift Keying，BPSK）之间串扰小、抗衰落能力强等诸多优点。除此之外，BOC 调制技术还有如下优点：

- 实现了信号频谱的搬移，在现有导航频谱上可增加使用 BOC 调制的信号。
- 实现简单，由于副载波是方波，因而可直接对伪随机码、信息数据与副载波方波信号进行二进制算法运算。
- 解调较为简单。
- BOC 调制、抗噪声性能要优于传统的 BPSK 调制，其中，来自欧洲航天研究和技术中心的研究表明，MBOC 的平均多路径误差比 BOC 低 20%～25%。
- 提升 GPS 系统和伽利略系统之间的兼容性。

所以说，BOC 调制技术是新一代导航卫星定位系统的核心技术点，具有成为新一代导航卫星定位系统技术标准的潜力，英国国防部抢先申请 BOC 专利无疑是抢占了知识产权的制高点，对其他国家的卫星导航系统技术和市场形成了制约。

来自美国汤森路透公司的专利数据库检索结果显示，英国国防部就BOC调制技术在全球共计申请了43项专利，如图4-1所示。

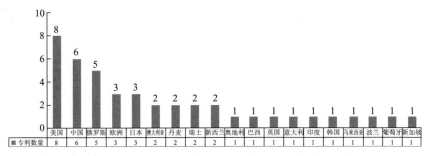

图 4-1　英国国防部 BOC 调制技术专利全球布局态势

英国国防部在全球 19 个国家共计部署了 43 项专利，包括美国、中国、俄罗斯、欧洲、日本、印度以及其他仍未建设卫星导航系统的国家和地区。其中在美国布局了 8 项专利，例如前述英美专利纠纷的其中一项专利名称为"信号、系统、方法及装置"的关键专利就是这 8 项专利之一，可见英国国防部在全球布局的 43 项专利都是非常具有攻击性的。英国国防部在我国布局了 6 项专利，仅次于美国，从此也可以看出其对我国全球卫星定位市场的重视，从另外一个角度来说，英国国防部在我国申请的 BOC 专利，对我国的全球卫星定位产业都将产生难以估计的风险，如果我国北斗产业及相关企业不能及早就核心技术路线也形成专利保护池，英国国防部的专利布局势必对北斗卫星导航产业的发展产生重大的影响。

4.1　知识产权风险评估和管理

专利风险是指因管理疏忽而可能带来负面后果或损失的可能性。专利风险管理工作的目标，是通过一系列的制度和行为规范、应对措施等，降低或消除专利风险发生的可能性，以及在风险不可避免时尽量减小所带来的损失。专利风险管理工作的重点是对风险行为进行控制，从分析与该行为有关的内部活动和外部环境入手，找出影响风险发生和风险损失的各类因素和相关方，在此基础上通过停止、调整行为方式或提供其他预防纠正措施等方式来实现风险控制。

4.1.1 专利风险管理的基本流程

专利风险具有普遍性和不确定性。企业在日常管理中，通常将专利风险管理列入企业的管理体系中，通过规范化的流程操作来有效地实现对风险的主动发现和处置应对。一般而言，专利风险管理的流程可以由风险点的排查和归纳、风险评估、风险应对三个环节构成。

1. 风险点的排查和归纳

风险点的排查和归纳是专利风险管理中的基础工作。只有及时排查出潜在的风险行为和风险专利，企业才能提前研究应对策略、制订应对预案，采取必要的应对措施进行防范和规避，风险损失才能被有效控制。通过对排查出的专利风险行为进行归纳和分类，企业可以建立管理体系，从而集中、有针对性地监控、评估和应对风险，以提高企业专利风险管理的效率。对于管理层面的风险，企业可以参照包括各类已有的知识产权管理规范，对照标准进行逐一的排查，查找现有制度设定和管理工作中的漏洞和不足之处，这个过程也被称为贯标管理。对于专利侵权风险，企业主要排查与所关注的行为相关的专利风险，并按照专利风险所涉及的方面进行归纳和分类。以企业产品风险为例，企业通过检索和分析与产品相关的风险专利，建立风险专利数据库，并对风险专利数据库中的专利内容以及专利的法律状态等信息不断进行更新和维护。在完成所有的专利风险点的排查和归纳后，企业可以制作专利风险清单，以便于所在地管理部门对照清单进行核查，及时排除风险。专利风险清单制作完成后，要随时根据专利管理工作的进展进行更新，将已经排除的风险从清单上删除，将新排查出的风险点列入清单中进行监控和应对。

2. 风险评估

风险评估环节能够为企业的专利风险管理工作提供有力的决策支撑。对于不同的风险点，其发生的概率和带来的损失有所不同，企业应对的成本也有所不同。实际上，受制于各方面资源的有限性，企业很难在一定时间内对所有的风险点都做出积极的处置和应对。风险评估能够帮助企业发现对其主要市场和主要产品的生存安全影响较大的风险点，从而集中精力和资源有选择地针对风险度较高的工作环节或风险专利进行重点管理和监控。专利风险的评估主要是通过综合考量多方面的因素来评测风险发生的可能性以及风险发生后可能会带来的损失。根据对各个风险点的评估结果，企业可以将其划分为不同的风险等级，从而便于管理层根据不同的风险度选择应对策略和措施。对于风险发生的可能性，企业可以从风险行为发生的频度、企业内部对该行为的监管和制度约束力、风险行为涉及的其他主体的态度等方面考虑。风险行为发生的频度越高、企业的监管和制度约束力越差、其他主体通过风险发生来谋求利益的驱动力越强，风险发生的可能性越大。例如，对于管理层面的风险，企业主要是从专利管理制度的完善程度、实际中的制度执行情况、监督机制、各岗位人员职责是否清晰、岗位人员的法律素养等进行考查。

对于风险的损失，企业可以从直接的经济损失、对企业现有经营和管理体系的影响程度、对市场份额和市场准入资格的影响程度、对企业战略的影响程度以及对商业信誉的影响程度等方面考虑。

需要注意的是，风险的评估结果不是静态不变的，而是可能会随着企业自身的发展、企业战略的调整、技术和行业发展趋势的变化、企业运营环境的改变等有所变动。例如，当原先的竞争对手成为企业的合作伙伴后，与该竞争对手相关的专利风险点的风险程度会降低；随着市场热点的变化，一些原先受关注度低的产品的市场规模发生快速增长，与其有关的专利风险点的风险程度可能会增加。

3. 风险应对

降低或消除风险发生的可能性、减小风险损失的目标主要通过风险应对环节来实现。专利风险的应对包括选择什么样的应对策略和采取哪些应对措施。在选择应对措施时，企业需要考虑该措施的可执行性、有效性、实施成本、该措施对企业的运营影响等因素。对于一些重点关注的风险点，企业还可能需要采取多种措施组合应对。随着专利风险点的更新，企业要及时对现有应对措施的有效性、完整性进行检查。在风险评估结果变化后,对于应对措施或者应对措施的组合可能也需要相应做出动态调整。其中,对于管理层面的风险,主要是通过完善制度、加强对管理控制节点的监督、对执行情况进行抽查反馈、对岗位人员进行相关培训等措施来应对。对于专利侵权风险,企业可以采取主动谋求专利许可、进行技术方案的规避设计、进行专利挖掘、对现有专利提起无效请求、将专利风险转移给上下游的其他主体、购买专利、并购其他公司、寻求企业联盟或战略合作等措施。

4.1.2 专利侵权风险管理的工作要点

1. 专利侵权风险管理的工作内容

对于专利侵权风险,企业可以通过专利侵权预警工作来有效地提前防范。专利侵权预警是公司在制订研发计划和产品开发方案时,通过收集与分析相关技术领域内企业的专利申请、市场、政策等宏观信息,掌握该领域内尤其主要竞争对手的专利布局情况,判断和预测技术发展的现状、趋势、市场竞争点的环境和格局,从而使得企业能够提前发现潜在的侵权风险和侵权对象,及早研究如何更改研发方向或产品方案来避免侵权行为的发生。开展专利预警可以防止企业盲目地研发、生产、销售,节约资源,还可以减少专利诉讼发生的可能性和损失,是一套能够有效避免和控制专利侵权风险的工作机制。

2. 专利侵权风险管理的重点对象

当产品线较为丰富的时候,企业要对所有的产品都进行专利风险排查、评估和应对,综合成本较高,企业可以选择重点产品加以关注并进行专利风险的管控。其中,值得关注的重点产品可以包括以下几类。

市场占有率增长快的产品。这类产品往往会对其他同类产品的市场份额产生很大影响,同行的市场会受到很大威胁,甚至可能会导致行业格局发生变化。市场占有率增长快的产品,往往也是一个企业获利潜力最大的产品,很可能成为企业未来的主要增长点,从而导致竞争对手可能凭借专利权来打压企业，以控制快速增长的市场态势。因此，市场占有率增长快的产品，应重点关注。

市场销售额高的产品。市场销售额高的产品，企业从中获取的经济利益也更大。一旦发生专利侵权诉讼，专利权利人通过诉讼或其他手段所获得的赔偿数额也就可能越高，企业潜在的损失风险较大。因此，对于市场销售额高的产品，企业也应重点关注。当然，如何判断市场占有率增长快、市场销售额高，不同行业、不同企业的理解不同。企业的知识产权部门在判断时，应当结合企业自身情况以及企业所处的行业的形势和行业地位来综合判断。

企业作为重点战略发展的产品。这类产品现在还处于概念化阶段，尚未进入市场，或者在市场中尚未成为主流。这些产品虽然现在对企业没有利润贡献或者对企业的利润贡献较小，但根据技术发展和市场需求的预期，将是企业战略规划中作为未来重点发展的产品。对于这一类产品，企业也应该提前关注。

4.1.3 专利风险的排查

专利风险的排查在企业的产品开发项目或技术研发项目启动之时就应该着手进行。排查过程中，企业需要对与项目方案有关的各类专利、技术、市场等信息进行收集，及时发现可能会威胁项目预期方案的风险专利，以便及时调整项目方向、更改方案设计以及采取必要的应对措施。根据对项目方案的技术理解和技术特征分析，进行专利文献的检索是获取风险专利的主要途径，而将初步筛选出的专利数据与项目方案进行比对是确认风险专利的关键环节。需要注意的是，风险专利不仅仅包括已经授权维持有效的专利，而且包括已经公开处于审查状态的专利。对于后者，企业需要对其审查进程和状态保持关注。另外，在条件允许的情况下，对风险专利的收集可以不局限于企业已经或准备开发、生产、销售的产品，也可以扩展到其他相关或类似产品，以及未来可能重点发展的产品，从而为企业总体的发展战略提前做好风险预警工作。

专利风险的排查流程以专利文献检索为基础，主要流程包括专利检索、专利数据筛选和宏观分析三个环节。其中，企业可以根据自身情况和需求选择在专利数据筛选后是否继续开展宏观分析。

1. 专利检索

该环节的主要目标是检索和采集所有与企业的技术或产品方案相关的专利。在该环节，企业需要通过对技术或产品方案的技术理解和分析，确定该方案的技术构成，列出该方案中可能存在侵权风险的所有技术点，并对每一个技术点提取必要的技术特征。根据这些技术特征，企业可以选择检索要素，构造初步的检索式，然后在进行初步检索的基础上，进一步完善对技术点的理解，重新总结技术点的特征和特征表达方式，修正检索式。最后，根据修正后的检索式完成检索，采集有关的专利数据。

2. 专利数据筛选

该环节的主要目标是对专利检索环节中采集到的专利数据进行筛选，剔除不相关的专利，补充缺失的专利信息。筛选主要通过人工阅读方式来进行，在充分理解专利技术方案的基础上将所有相关的专利筛选出来。在筛选过程中，如发现某技术点有其他重要特征或重要检索要素被遗漏时，可以进一步修正检索表达式，对该技术点进行补充检索和筛选。筛选后，可以按照企业的技术分类体系对所有的专利进行归类。对于归类后的相关专利的数据集，企业可以进一步形成专利预警风险数据库。最后，被筛选出来的专利将作为技术比对分析中的目标专利。

3. 宏观分析

如果筛选后专利数据的量比较大，或者企业的技术或产品方案涉及的潜在侵权点较多，那么需要进一步进行宏观分析，制作专利地图。

专利地图能够帮助企业进一步了解风险专利的分布状况，例如其在各个技术点上的分布状况、各个主要市场地域的分布状况、各个申请人的专利状况。企业可以凭借专利地图初步了解各技术点和各市场地域中的风险威胁状况、主要的潜在侵权对象以及该对象具备专利优势的技术点和市场地域，从而有助于企业确定风险防控的重点，也为企业后继制订应对策略和选择应对措施提供了决策参考。

4.2 知识产权侵权诉讼和应对

专利诉讼是指人民法院按照法定的程序，依法审判，解决当事人之间与专利有关的纠纷的专门活动。由于与专利有关的纠纷所涉及的社会关系可能由我国不同部门法调整，因此，根据调整的部门法的不同进行分类，专利诉讼可以分为专利民事诉讼、专利行政诉讼以及专利刑事诉讼。

4.2.1 侵犯专利权的定义

《中华人民共和国专利法》赋予专利权人一种排他性的民事权利。《中华人民共和国专利法》第十一条规定："发明和实用新型专利权被授予后，除本法另有规定的以外，任何单位或者个人未经专利权人许可，都不得实施其专利，即不得为生产经营目的制造、使用、许诺销售、销售、进口其专利产品，或者使用其专利方法以及使用、许诺销售、销售、进口依照该专利方法直接获得的产品。外观设计专利权被授予后，任何单位或者个人未经专利权人许可，都不得实施其专利，即不得为生产经营目的制造、许诺销售、销售、进口其外观设计专利产品。"从上述规定中可以看出，当申请专利的发明、实用新型或外观设计被授予专利权后，除《中华人民共和国专利法》另有规定的情形以外，任何单位或个人以生产经营为目的实施其专利应依法获得专利权人的许可。《中华人民共和国专利法》第六十五条规定，"未经专利权人许可，实施其专利，即侵犯其专利权……"，此条款的实质内容在《中华人民共和国专利法》的历次修改中均未改变，该条款的规定被视为对侵犯专利权的定义。

按照《中华人民共和国专利法》第六十五条规定，"未经专利权人许可，实施其专利，即侵犯其专利权……"。这种情形通常被称为"侵犯专利权"，其均指行为人未经专利权人许可，实施其专利而应承担相应侵权法律责任的行为。目标产品或方法是否落入专利权保护范围的事实判断，是判定侵犯专利权行为成立与否的必要条件。当目标产品或方法落入专利权保护范围的事实得到确认后，在许多情形下，侵犯专利权行为的成立就变得显而易见。这可能是人们有时将落入专利权保护范围简称为专利侵权的一个原因。

4.2.2 侵犯专利权纠纷解决的主要途径

侵犯专利权纠纷,是专利权纠纷的一种典型形式。一般而言,纠纷解决机制通常包括自力救济、社会救济和公力救济三种,其中,自力救济包括自决与和解,是指纠纷主体依靠自身力量解决纠纷,以达到维护自身权益的目的;社会救济包括诉讼外调解和仲裁;公力救济则主要包括行政途径和司法途径。

具体到侵犯专利权纠纷而言,根据《中华人民共和国专利法》第六十五条的规定:"未经专利权人许可,实施其专利,即侵犯其专利权,引起纠纷的,由当事人协商解决;不愿协商或者协商不成的,专利权人或者利害关系人可以向人民法院起诉,也可以请求管理专利工作的部门处理。管理专利工作的部门处理时,认定侵权行为成立的,可以责令侵权人立即停止侵权行为,当事人不服的,可以自收到处理通知之日起十五日内依照《中华人民共和国行政诉讼法》向人民法院起诉;侵权人期满不起诉又不停止侵权行为的,管理专利工作的部门可以申请人民法院强制执行。进行处理的管理专利工作的部门应当事人的请求,可以就侵犯专利权的赔偿数额进行调解;调解不成的,当事人可以依照《中华人民共和国民事诉讼法》向人民法院起诉。"可见,当专利侵权行为发生时,专利权人可以进行自力救济,自行与侵权人协商解决,如果不愿意协商或协商不成,希望寻求公力救济的,有两种方式:诉至人民法院请求司法保护或请求行政处理。可以说,我国专利权保护主要包括自力保护、司法保护和行政保护。以下主要介绍上述三种专利侵权纠纷处理的途径,附带介绍包括仲裁和诉讼外调解等在内的社会救济方式。

协商专利权是一种民事权利,专利侵权纠纷是民事纠纷。民事主体对于民事权利享有处分权,因此,发生专利侵权纠纷之后,当事人可以选择协商解决。在实务中,协商这一解决专利侵权纠纷的途径常常和司法途径、行政途径混合使用或者说,当事人之间的协商贯穿于司法途径或者行政途径之中。

如果当事人协商不成或者不愿意通过协商的方式解决专利侵权纠纷,那么可以向人民法院提起民事诉讼,即通过司法途径解决专利侵权纠纷。专利侵权的司法保护途径主要依据《中华人民共和国专利法》等实体法、《中华人民共和国民事诉讼法》等程序法、《最高人民法院关于审理专利纠纷案件适用法律问题的若干规定》(以下简称《专利纠纷司法解释2001》)、《最高人民法院关于审理侵犯专利权纠纷案件应用法律若干问题的解释》(以下简称《专利侵权纠纷司法解释2009》)和《最高人民法院关于审理侵犯专利权纠纷案件应用法律若干问题的解释（二）》(以下简称《专利侵权纠纷司法解释2021》)等司法解释进行。司法途径所具有的特点在于，采用司法途径解决纠纷有利于专利权人或者利害关系人通过诉讼程序获得侵权损害赔偿，专利权人或者利害关系人的起诉需要符合法定条件，人民法院应当按照《中华人民共和国民事诉讼法》的规定予以受理并进行审理，举证责任则按照"谁主张，谁举证"的基本原则以及法定的举证责任分配规则进行分配。

行政途径协商不成或者不意通过协商的方式解决专利侵权纠纷，专利权人或者利害关系人也可以向管理专利工作的部门申请调处。专利侵权纠纷的行政解决途径是我国专利权"双轨制"保护模式的重要组成部分。

主体及主体标准发明及实用新型专利权保护范围的确定和落入专利权保护范围的判定，是侵犯发明或实用新型专利权行为判定的重要环节。在侵犯专利权的判定过程中，法院需要进行发明及实用新型专利权保护范围的确定和落入专利权保护范围的判定，这需要明确判定主体和主体标准。

根据《专利法》第六十五条的规定：未经专利权人许可，实施其专利，即侵犯其专利权，引起纠纷的，由当事人协商解决；不愿协商或者协商不成的，专利权人或者利害关系人可以向人民法院起诉，也可以请求管理专利工作的部门处理。据此，专利权人或者利害关系人向人民法院起诉侵犯其专利权而引起纠纷的，其判定主体是人民法院。对于侵犯发明及实用新型专利权的纠纷，人民法院需要进行发明及实用新型专利权保护范围的确定和落入专利权保护范围的判定。考虑到管理专利工作的部门也有权处理专利侵权纠纷，并且管理专利工作的部门处理专利侵权纠纷时，也有权认定侵权行为成立，管理专利工作的部门无疑也是专利权保护范围的确定和落入专利权保护范围的判定主体。实务中，由人民法院或者管理专利工作的部门的有关审判和审理人员具体进行判定，而相关诉讼当事人和参与人在判定中也可发表专利权保护范围的有关观点和意见。

判定对象根据《专利侵权纠纷司法解释2009》第一条的规定，人民法院应当根据权利人主张的权利要求，依据专利法第六十四条第一款的规定确定专利权的保护范围。权利人主张以从属权利要求确定专利权保护范围的，人民法院应当以该从属权利要求记载的附加技术特征及其引用的权利要求记载的技术特征，确定专利权的保护范围。据此，发明或者实用新型专利权的保护范围，依据《中华人民共和国专利法》第六十四条第一款的规定，以其权利要求的内容为准。具体而言，应当根据权利人主张的权利要求，确定专利权的保护范围。实务中，独立权利要求从整体上反映发明或者实用新型专利的技术方案，记载发明或者实用新型的必要技术特征，其保护范围与从属权利要求相比最大；确定专利权保护范围时，企业可以对保护范围最大的独立权利要求做出解释。权利人可同时以独立权利要求和从属权利要求主张权利，当权利人主张以从属权利要求确定专利权保护范围的，人民法院应当以该从属权利要求确定专利权的保护范围。当权利人以多项权利要求主张权利时，人民法院有时可能要求当事人择一主张，以简化审理程序和提高审判效率。权利人坚持以多项权利要求主张权利的，人民法院应当以多项权利要求作为判定对象分别确定保护范围。

4.2.3 判定的基本规则

发明及实用新型专利权保护范围的确定和落入专利权保护范围的判定的规则，习惯上也称原则，包括例如专利权有效规则、全部技术特征规则、全面覆盖规则、等同规则等。禁止反悔规则、捐献规则可用以限缩专利权利要求的保护范围和抗辩权利人有关落入专利权保护范围的主张，本书在此不做详细介绍。

专利权有效规则，习惯上也称为专利权有效原则。专利权有效规则的确立，与法院审理专利纠纷案件的职权有关。以美国为代表的一些国家，其法院审理专利侵权纠纷时，不仅审查被诉技术方案是否落入专利权利要求的保护范围，而且同时审查专利权利要求的有效性和可行使性。我国专利有效性的实质审查由国务院专利行政部门及其专利复审委员会负责。人民法院审理专利侵权纠纷一般以国务院专利行政部门及其专利复审委员会所审定的专利为基础，在国务院专利行政部门及其专利复审委员会认可专利有效后，审理专利侵权纠纷的人民法院一般不质疑该专利的有效性。专利权有效规则实质上也体现在我国专利司法实践中。专利权有效规则首先表现为请求保护的必须是一项受《中华人民共和国专利法》保护的有效专利权，而不能是已被宣告无效的专利，并且通常也不是已过保护期或者已被专利权人放弃的专利；对于已经过保护期或者已被专利权人放弃的专利，可以就专利权效力存续期间发生的侵犯专利权的行为寻求救济。专利权有效规则进一步表现为对专利权效力的推定,即对发生法律效力的授权有效性的推定。企业应当以国务院专利行政部门公告授权的专利文本、专利单行本或者已经发生法律效力的专利无效宣告请求审查决定、行政判决所确定的专利文本作为确定发明及实用新型专利权效力的依据。如果当事人对专利是否符合《中华人民共和国专利法》相关授权条件或专利是否应当被宣告无效确定专利权的保护范围存在争议时,按专利权有效原则,人民法院在审理专利侵权纠纷时则不审理该专利是否符合《中华人民共和国专利法》相关授权条件和是否应被宣告无效的争议。对于这些争议,当事人应当通过专利无效宣告程序另行解决。

全部技术特征规则,习惯上也称为全部技术特征原则。《中华人民共和国专利法》所称的"发明或者实用新型专利权的保护范围以其权利要求的内容为准,说明书及附图可以用于解释权利要求",是指专利权的保护范围应当以权利要求书中明确记载的必要技术特征所确定的范围为准,也包括与该必要技术特征相等同的特征所确定的范围。权利要求书的作用是确定专利权的保护范围,即通过向公众表明构成发明或者实用新型的技术方案的全部技术特征,使公众能够清楚地知道实施何种技术会侵犯专利权,从而一方面为专利权人提供有效合理的保护,另一方面确保公众享有实施其他技术的自由。只有对权利要求书所记载的全部技术特征给予全面、充分的尊重,社会公众才不会因权利要求内容不可预见的变动而无所适从,从而保障法律权力的确定性,从根本上保证专利制度的正常运作和价值实现。被诉侵权技术方案包含与权利要求记载的全部技术特征相同的技术特征的,人民法院应当认定其落入专利权的保护范围;被诉侵权技术方案的技术特征与权利要求记载的全部技术特征相比,缺少权利要求记载的一个以上的技术特征,或者有一个以上技术特征不相同也不等同的,人民法院应当认定其没有落入专利权的保护范围。

专利权利要求解释的全部技术特征规则是指在审查专利权的保护范围时,应当审查权利要求记载的全部技术特征。被诉侵权技术方案的技术特征与权利要求记载的全部技术特征相同或者等同的,人民法院应当认定该被诉侵权技术方案落入专利权的保护范围。权利要求所记载的全部技术特征,并非仅仅限于权利要求文字表面记载的技术内容。例如,对于存在多个步骤的方法权利要求,虽然权利要求文字表面没有记载实施步骤的顺序,其步骤之间的顺序可能对专利权的保护范围起到限定作用。

全面覆盖规则，习惯上也称为全面覆盖原则。全面覆盖规则是判断被控侵权产品或方法是否落入专利权保护范围的重要规则。全面覆盖规则的适用，首先需要确定专利要求的全部技术特征在该权利要求保护范围确定中的限定作用。根据专利权有效规则和全部技术特征规则，每一项专利权利要求所保护的技术方案均被推定为能够解决现有技术问题并达到专利技术效果的完整技术方案；权利要求记载的每一项技术特征均被推定为对权利要求记载的技术方案有限定作用，在确定专利权的保护范围时均需要同等考虑。确定专利权的保护范围时，应将一项专利权利要求中记载的全部技术特征所表达的技术内容作为整体技术方案对待，记载在前序部分的技术特征和记载在特征部分的技术特征，对于限定保护范围具有同等作用，共同界定权利要求使之成为一项完整的技术方案。以从属权利要求确定专利权保护范围的，从属权利要求记载的附加技术特征及其引用的权利要求记载的技术特征所表达的技术内容，作为整体技术方案对待，对于限定保护范围具有同等作用。

等同规则，习惯上也称为等同原则。等同规则也是判断被控侵权产品或方法是否落入专利权保护范围的重要规则。等同规则的适用，需要确定权利要求技术特征的等同特征以及该等同特征所界定的专利权等同保护范围。所谓等同规则，是指为实现相同的发明目的，所采用的技术手段在本质上相同，起到了实质上相同的作用，获得了实质上相同的效果，并且所属领域的普通技术人员研究说明书和附图后不经过创造性的智力劳动就能够联想到的技术手段，应当被认为属于专利权的保护范围。

4.2.4 发明及实用新型专利权利要求保护范围的确定

判定落入专利权的保护范围之前，企业需要确定专利权的保护范围，而发明及实用新型专利权利要求技术特征的划分和解释，是确定专利权利要求保护范围的重要步骤。权利要求技术特征的划分在全部技术特征规则之下，依据全面覆盖原则或等同原则判定被控技术方案是否落入专利权利要求保护范围时，如何对权利要求的技术特征进行恰当划分，在我国尚无相关的法律指引，在国际上也暂无明确标准。例如，美国在依据等同原则判定等同物时，权利要求中的哪些技术内容足以构成一项技术特征,尚有待回答。美国法院意识到,由于在讨论权利要求时误解或误用"技术特征",全部技术特征规则的运用会出现混乱;"技术特征"可能被用以表示单一的一项技术限定,但也被用以表示共同构成权利要求技术方案的某一部件的若干技术限定的集合。一般认为,相同侵权的判定,受技术特征划分的影响不大;无论权利要求的技术特征如何划分,相同判定的结论均取决于其技术特征或技术限定的内容是否相同地体现在被控侵权产品或方法上。但是,对于等同侵权的判定,由于等同特征是指与所记载的技术特征以基本相同的手段,实现基本相同的功能,达到基本相同的效果,并且是本领域的普通技术人员无须经过创造性劳动就能够联想到的特征,技术特征的划分对于等同特征的确定有较大影响,进而影响等同保护范围和等同侵权结论的判定。

人民法院对于权利要求,可以运用说明书及附图、权利要求书中的相关权利要求、专利审查档案进行解释。说明书对权利要求用语有特别界定的,从其特别界定。以上方法仍不能明确权利要求含义的,可以结合工具书、教科书等公知文献以及本领域普通技术人员的通常理解进行解释。因此,用于解释权利要求的证据包括:内部证据,包括专利文本(权利要求书、说明书及附图)和专利授权过程中权利人对专利文本进行的修改及意见陈述等审查文档资料;外部证据,包括本领域的工具书、教科书等公知文献、相关现有技术以及专家证言等。有研究认为企业应运用内部证据解释权利要求的原则、时机和方法,并认为权利要求的解释在一定的前提条件下是积极和主动的。对于内部和外部证据的证据效力,通常是内部证据优先于外部证据。

权利要求书、说明书及专利文档在确定权利要求的保护范围时,专利说明书及附图、权利要求书中的其他权利要求以及专利审查档案中的权利人对专利文本的修改及意见陈述,可以用于解释权利要求。

和说明书及附图一样,权利要求书的相关权利要求也可用于解释争议的权利要求用语。但是,在用说明书解释权利要求时,当权利要求书记载为上位概念而在说明书中公开相应下位具体概念时,通常不应当以说明书中公开的具体概念来限缩解释该上位概念。

专利文档资料也可用以解释权利要求。事实上,人们普遍认可专利文档中记载的权利人对专利文本的修改及意见陈述。对权利要求的解释作用已有较长时间的司法实践。

外部证据是指专利说明书及附图、权利要求书和专利授权过程中权利人对专利文本的修改和意见陈述等内部证据之外的可用以解释权利要求的证据，包括本领域的工具书、教科书等公知文献、相关现有技术以及专家证言等。关于外部证据，其证据效力通常低于内部证据。不能直接通过说明书及附图对技术术语和概念做出解释的，法院应当根据所属领域的技术人员所理解的通常含义来解释。有关技术术语和概念存在两种或者两种以上的解释时，字典、百科全书、技术工具书和已公开发表的论文中的解释视为所属领域的技术人员所理解的通常含义。存在多种通常含义的，法院应结合专利档案的记录，采纳与该专利发明创造主题有关的全部通常含义。采用前述方式仍不能确定有关术语和概念的含义的，法院应参考专家证人的证言等予以解释。

落入专利权保护范围的判定，有时也简称为"专利侵权判定"。被诉侵权技术方案包含与权利要求记载的全部技术特征相同的技术特征的，法院应当认定其落入专利权的保护范围；被诉侵权技术方案的技术特征与权利要求记载的全部技术特征相比，缺少权利要求记载的一个以上的技术特征，或者有一个以上技术特征不相同的，法院应当认定其没有落入专利权的保护范围。

落入相同保护范围的判定相同保护范围，也被称为字义（或字面）保护范围。落入相同保护范围的判定，有时也简称"相同侵权判定"。当被诉侵权技术方案（产品或方法）与一项专利权利要求中记载的技术方案的全部技术特征一一对应并且相同，即前者再现了后者权利要求中记载的全部技术特征时，应当认定其落入专利权的相同保护范围；被诉侵权技术方案的技术特征与权利要求记载的全部技术特征相比，缺少权利要求记载的一个以上的技术特征，或者有一个以上技术特征不相同，应当认定其没有落入专利权的相同保护范围。技术特征相同，并非指被控技术方案的文字表述在形式上与专利权利要求的相应技术特征相同，而是指二者在内容上的相同。

落入等同保护范围的判定，有时也简称"等同侵权判定"，是在被诉侵权技术方案与专利权利要求不相同时，依据等同原则对被诉技术方案是否落入专利权利要求的等同保护范围的判定。当被诉侵权技术方案（产品或方法）与一项专利权利要求中记载的技术方案相比，权利要求的一个或多个技术特征与被诉技术方案对应特征不相同时，根据等同原则，需要判定这些不相同的技术特征是否属于等同特征。如果属于等同特征，那么应当认定其落入专利权的等同保护范围。被诉侵权技术方案的技术特征与权利要求记载的全部技术特征不相同也不等同的，应当认定其没有落入专利权的等同保护范围。

在戴森技术有限公司（简称"戴森公司"）诉科沃斯机器人有限公司（简称"科沃斯公司"）专利侵权诉讼案中[⊖]，就涉及文义解释、等同解释、说明书和附图解释、审查意见答复的禁止反悔原则解释、权利要求清楚的解释等方面的内容。

戴森公司的7328号专利权独立权利要求："一种手持式清洁设备，包括主体、脏空气入口、清洁空气出口和旋风分离器。该旋风分离器位于从空气入口到空气出口的空气流动路径中，用于从空气流中将垃圾和灰尘分离。该旋风分离器沿着大致竖立方向设置，其中主体包括上部和下部之间的把手，该上部配有电动机和风扇单元，脏空气可以通过该电动机和风扇单元而被抽入到设备中，下部限定主体的大致是平面的基部表面。下部承装电池单元，其在使用中为电动机供电。其中，主体平面的基部表面和旋风分离器平面的基部表面一起形成设备的基部表面，以用于将设备支撑在一个表面上。其中，主体的基部表面位于旋风分离器的基部表面的平面中，且其中电动机、风扇单元和电池单元布置在主体的基部表面的上方。"专利设备如图4-2所示。

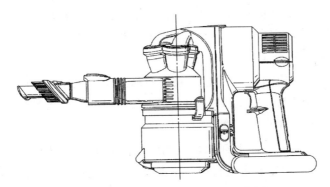

图4-2　戴森公司7328号专利设备图

⊖ 该案件涉案专利名称：手持式清洁设备，涉案专利号：ZL200780027328.0（下称7328号专利权），经历了江苏省苏州市中级人民法院（一审，见中华人民共和国江苏省苏州市中级人民法院（2010）苏中知初字第00344号民事判决书）、江苏省高级人民法院（二审，中华人民共和国江苏省高级人民法院（2015）苏知民终字第12341号民事判决书），以及最高人民法院（再审，中华人民共和国最高人民法院（2016）最高法民申2653号民事裁定书）三级审理。

该权利要求技术方案包括五个元件：主体、旋风分离器、电动机、风扇单元和电池单元。主体和旋风分离器分别设定在基部表面上，电动机、风扇单元和电池单元构成组合X，组合X位于主体的基部表面的上方。

在诉讼过程中，其中一个重要争议焦点是该权利要求保护范围是否包括组合X位于旋风分离器的基部表面。

三级法院的判决均认为该权利要求的保护范围不包括组合X位于旋风分离器的基部表面的上方。

一审法院判决依据："首先，关于涉案专利权利要求1中'主体'范围的界定，从权利要求1的表述，无法得出主体范围可以延伸至旋风分离器一侧，这也可以从涉案专利附图尤其是将主体以截面显示的附图4及说明书的实施例中得到印证。其次，权利要求中'主体的上部承装电动机和风扇单元'及'主体下部承装电池单元'表明电动机、风扇及电池必须放置于主体中，故'电动机、风扇单元和电池单元布置在主体的基部表面的上方'中的'上方'应解释为主体范围内的上方，而不包括旋风分离器一侧。经比对，被诉产品的电动机及风扇均位于旋风分离器一侧的上方，所以缺少涉案专利独立权利要求1中'主体的上部承装电动机和风扇单元'及'电动机、风扇单元和电池单元布置在主体的基部表面的上方'这两个技术特征，未落入涉案专利权利要求保护范围，不构成侵权。"

二审法院判决依据："本案中，被诉产品'风扇、电动机布置在旋风分离器的正上方'与涉案专利权利要求1'电动机和风扇单元布置在主体的基部表面的上方'这两者在技术效果上具有明显的差异。涉案专利将风扇、电动机布置在主体的上部，主体下部承装电池单元，中间通过把手连接主体上部和下部，由于上部的风扇和电动机以及下部的电池单元在整个设备中的重量都较大，因此在使用时，由于风扇和电动机距离把手的水平距离较近，因此具有降低或消除风扇和电动机对使用者手腕施加的力矩、减缓使用过程中手腕的紧张和疲劳的有益技术效果。而被诉产品将风扇和电动机设置在旋风分离器的正上方，与主体的基部表面和把手存在一定的水平偏距，这样的布置方式使得风扇和电动机距离把手的距离较远，加大了风扇和电动机对使用者手腕施加的力矩，容易使得手腕紧张和疲劳。由此，因被诉产品'风扇、电动机布置在旋风分离器的正上方'与涉案专利权利要求1'电动机和风扇单元布置在主体的基部表面的上方'这两个技术特征具有明显不同的技术效果,所以这两个技术特征不能认定为等同特征。事实上,被诉产品的风扇和电动机的布置方案较之于涉案专利明显属于变劣的技术方案,如要将这种变劣的技术方案也通过等同侵权认定纳入专利权的保护范围,那么明显有违专利法'推动发明创造的应用、促进科学技术进步'的立法宗旨。"

再审裁定依据:"旋风分离器并不是主体的组成部分,其是与主体并列并沿大致竖直方向的装置。在此基础上,涉案专利权利要求 1 明确了三个与基部表面有关的概念:主体的基部表面、旋风分离器的基部表面和设备的基部表面,其中主体的基部表面和旋风分离器的基部表面应当是两个独立的实体表面,且二者均属于设备的基部表面。相应地,主体的基部表面的上方和旋风分离器的基部表面上方应指代不同的空间区域,但均属于设备的基部表面的上方所指代的空间区域。因此,如果将'主体的基部表面的上方'解释为'包括主体的基部表面侧(斜)上方在内',那么'主体的基部表面侧(斜)上方'亦可以定义为在'旋风分离器的基部表面上方',更可以定义为'设备的基部表面的上方',这必然使得权利要求的保护范围变得模糊不清。"

4.2.5 外观设计专利权保护范围的确定

《专利法》第五十九条规定:"外观设计专利权的保护范围以表示在图片或者照片中的该产品的外观设计为准,简要说明可以用于解释图片或者照片所表示的该产品的外观设计。"

《专利法》第五十九条中的"图片或者照片"包括正投影视图、立体图、展开图、剖视图、剖面图、放大图、变化状态图等,上述图片或者照片直接表达外观设计形状、图案或色彩,从而限定外观设计专利权的保护范围。外观设计专利权的保护范围是表现在图片或者照片上的产品的外观设计。需要指出的是,外观设计必须以产品为载体,外观设计专利权保护的对象是设计。

"以表示在图片或者照片中的该产品的外观设计为准"的含义包括:简要说明的解释作用应以图片或照片为依据,不能超出其表示的内容;简要说明与图片或者照片不一致的情况下,应以图片或者照片为准。

在某外观设计专利侵权纠纷中,某木钟厂设计出猫头鹰型机械木钟,并获得外观设计专利。后来该厂设计出猫头鹰石英钟产品，但是并未再申请专利，开始生产产品，并投放市场。不久，木钟厂发现某钟表厂也在生产和销售同一种猫头鹰石英钟，认为这种猫头鹰石英钟侵犯了自己的外观设计，向人民法院提起诉讼，要求被告停止侵权行为，并且赔偿经济损失。被告在答辩中提出，外观设计专利保护范围应当以申请人向国家知识产权局提交，并在外观设计专利公报上公开的照片和图片所显示的内容为准。通过比较原告的专利图片和被告的产品，我们就不难发现被控侵权产品不构成对原告专利的侵权。人民法院认为，原告生产销售的产品是在自己专利设计的基础上发展的一种新的设计。这种新设计和原告的专利设计已经不一样。尽管原告的产品和被告的产品在很多方面都很相似，但是，被告的产品和原告的设计存在本质区别，被告的产品不构成对原告的外观设计专利的侵权。因为外观设计专利权的保护范围以表示在图片或者照片中的该产品的外观设计为准，所以在外观设计专利侵权判断中需要将被控侵权产品与涉案专利的图片或者照片中所示出的形状、图案以及色彩进行比较，不能将专利权人实际生产销售的外观设计产品作为侵权判断的根据。

1. 简要说明的内容

根据《专利法》第二十七条的规定，申请外观设计专利的，应当提交请求书、该外观设计的图片或者照片以及对该外观设计的简要说明等文件。《专利法实施细则》第二十八条规定："外观设计的简要说明应当写明外观设计产品的名称、用途、外观设计的设计要点，并指定一幅最能表明设计要点的图片或者照片。省略视图或者请求保护色彩的，应当在简要说明中写明。对同一产品的多项相似外观设计提出一件外观设计专利申请的，应当在简要说明中指定其中一项作为基本设计。简要说明不得使用商业性宣传用语，也不能用来说明产品的性能。"由此可见，简要说明的内容主要包括外观设计产品的名称、外观设计产品的用途、外观设计的设计要点、最能表明设计要点的图片或者照片、省略视图或者请求保护色彩的情况以及同一产品的多项相似外观设计中所指定的基本设计等。

2. 简要说明中设计要点的地位

对于设计要点在确定外观设计专利权保护范围中的作用，存在两种不同观点。一种观点认为，设计要点对于外观设计相同或者近似判断具有推定作用。也就是说，被诉侵权设计未包含授权外观设计的任何设计要点的，法院一般应当推定被诉侵权设计与授权外观设计在整体视觉效果上存在差异或者实质性差异。被诉侵权设计包含授权外观设计的全部设计要点的，法院一般应当推定该全部设计要点相对于其他设计特征对于整体视觉效果更具有影响。具体而言，区分外观设计中专利权保护范围的内容和现有技术内容，可以采用以下方法：一是以申请人主张的设计要点为基础推定剩余部分为现有设计部分，并禁止权利人反悔，即在审批过程中确定并已经公告的设计要点，在侵权诉讼过程中不得做扩充性解释。二是由于我国目前外观设计专利采用初步审查制，经过授权的外观设计专利权中的设计要点部分是否就是权利人独创设计，目前很难确定。因此，应当允许被控侵权人举证证明专利权人所谓的设计要点中存在现有设计部分内容，然后在经过充分质证，认定事实，将被控侵权人举证证明为现有设计部分的内容排除出去，重新确定设计要点部分和现有设计部分的内容。另一种观点认为，设计要点不同于"要部"，在对被控侵权设计与授权外观设计的比较中，仍应该坚持整体观察、综合判断的方式，只是设计要点通常对于整体视觉效果具有更高的影响。本书认为，在外观设计保护范围的确定以及是否落入外观设计保护范围的判定中，应当坚持整体观察、综合判断的要求，仍然应当进行整体对比，设计要点通常对于整体视觉效果具有更高的影响。

在判断是否落入外观设计专利权的保护范围时，需要遵循整体观察、综合判断、单独对比以及直接对比等判断方式的要求。

人民法院认定外观设计是否相同或者近似时，应当遵循全面观察设计特征、综合判断整体视觉效果的基本原则。通过整体观察、综合判断，综合考虑涉案外观设计专利和被控侵权产品的相同点和不同点，综合确定产品整体外观的视觉效果是否相同或近似。

被诉侵权设计未包含授权外观设计的任何设计要点的，法院一般应当推定被诉侵权设计与授权外观设计在整体视觉效果上存在差异或者实质性差异。被诉侵权设计包含授权外观设计的全部设计要点的，法院一般应当推定该全部设计要点相对于其他设计特征对于整体视觉效果更具有影响。也就是说，在整体观察、综合判断原则的法律适用中，设计要点绝非以前要部判断原则所述的"要部"。设计要点是当事人在提出外观设计专利申请时对其投入智力劳动和在美学上创造应用的部分，是当事人认为该外观设计专利申请区别于现有设计之处。在进行是否落入外观设计专利权保护范围的判定时，仍然应当站在"一般消费者"的角度进行整体观察、综合判断。也就是说，在进行是否落入外观设计保护范围的判断中，通常在被控侵权产品包含了涉案外观设计的创新点并且从整体上与涉案外观设计构成相同或近似的情况下，才能认定被控侵权产品落入外观设计保护范围。其中，"在被控侵权产品包含了涉案外观设计的创新点"的判断，需要结合设计要点、设计空间等因素综合考虑。

一般应当将被控侵权产品与涉案专利进行单独对比，不应将两个或者两个以上的被控侵权产品结合与涉案专利进行对比，也不能将被控侵权产品与专利产品进行对比。如果涉案专利是包含若干项具有独立使用价值的产品的外观设计，例如成套的外观设计或者同一产品两项以上的相似外观设计，那么企业可以采用不同的外观设计与对应的各项外观设计单独对比。对于组件产品外观设计，企业可以将与组装后的被控侵权产品进行对比。

在进行是否落入外观设计专利权保护范围的判断中，企业需要通过视觉直接观察而非借助仪器或者化学分析手段，进而判断被控侵权产品与涉案外观设计是否相同或者近似。

在确定专利权的保护范围之后，企业需要判断被控侵权设计是否落入外观设计专利权的保护范围之内。

在进行被控侵权产品是否落入外观设计专利权保护范围的判断中，首先需要解决的问题是应当以何种主体的眼光和审美观察能力为标准去判断被控侵权产品与外观设计专利是否相同或者近似。显然，不同专业背景知识、不同认知能力、不同观察注意程度的主体对相同的判断对象会得出截然不同的结论。其中，所谓判断主体，是指在做侵权判断时，法官应该将自己放置在何种立场去判断外观设计侵权是否成立。

在专利侵权诉讼中，外观设计专利侵权的判断主体是一般消费者，而非以该外观设计专利所属领域的专业设计人员的审美观察能力为标准。首先，就"一般消费者"的基本属性而言，一般消费者是法律拟制的"人"，不是具体的某个人或某类人。其次，就"一般消费者"的基本能力而言，一般消费者对被诉侵权行为发生日之前相同或者相近种类产品的外观设计状况具有常识性的知晓，对外观设计产品之间在形状、图案以及色彩上的区别具有一定的分辨力，但不会注意到产品的形状、图案以及色彩的微小变化,同时,一般消费者不具有设计能力。

在我国司法实践中,一开始就将"一般消费者"与同类产品或者类似群体产品的购买群体或者使用群体联系在一起。

主体标准的认定涉及"一般消费者"的判定与证明。"一般消费者"是法律拟制的主体,这与发明、实用新型专利创造性判断中的"本领域技术人员"的概念,以及传统民法中"善良家父"的概念一样,都属于抽象概念,其旨在界定对相关外观设计状况的了解程度。因此,对于一般消费者的认定,法院应当重点审查一般消费者对于相关外观设计状况的知识水平和认知能力,不应当拘泥于具体的消费者类别。当事人对一般消费者所具有的知识水平和认知能力有争议的,应当举证证明。不能将一类人作为某种产品外观设计的一般消费者,也不能把和某种产品毫不相关的主体认定为这类产品的一般消费者。

综上所述,在侵权诉讼中,外观设计专利侵权的判断主体应为一般消费者,而不应以该外观设计专利所属领域的专业设计人员的审美观察能力为标准。一般消费者作为一个特殊消费群体,是指该外观设计专利同类产品或者类似产品的购买群体或者使用群体,不能将现实生活中的任何实际消费者直接认定为一般消费者。

4.2.6 专利侵权诉讼对策

专利侵权诉讼往往是专利纠纷中比较激烈的实行手段,也是专利权人运用专利权打击对手的常用手段。对于被诉侵权的主体而言,由于在侵权诉讼发起端的被动地位,因此在应对专利侵权诉讼上,应当采用更有成效的对策,避免被动变为劣势,进而影响专利侵权诉讼的走向和结果。

首先,由专业人士对被控侵权产品与生成被侵权的专利进行对比分析,评估是否侵权。同时,企业应评估涉案专利的有效性、侵权诉讼胜诉的可能性、直接诉讼成本以及间接诉讼成本。其次,企业可以视情况与权利人接触,了解对方的意图和底线。最后,评估、统计己方的资源,例如能够给对方造成压力的手段等。

专利诉讼决策首要考虑因素不是胜诉的概率,而是可能产生的诉讼成本和收益。如果赢得专利诉讼将付出高昂的代价,或者与可能赢得的市场极度不对称,那么无论诉讼成功或失败都将是得不偿失的。如果经过评估,当前企业存在特殊情况,例如特定时期不能影响重要客户的信心或者企业正在从事其他重要的法律活动,那么应有理有节地展开谈判,尽量在能够承受的成本范围内达成和解。如果企业经过评估,不侵权抗辩胜诉概率较高,但可能付出较大代价,例如可能因侵权风险而损失大量订单和造成损失、引发专利战以及法律服务成本费用远远高于和解代价,那么同样不宜贸然选择进行诉讼,而应积极探寻解决问题的非诉途径。如果企业经过评估,认为极有可能被认定为专利侵权,且涉案专利权相对稳定,那么多数情况下应立即停止侵权行为,撤出相关市场。但是,如果由此造成的损失极大甚至对企业的生存造成实质影响,那么被控侵权企业一方面应当做好尽可能充分的应诉准备,另一方面应以最大努力及诚意促进和谈,争取代价最低的和解条件的达成。

1. 总体决策思路

回复警告函。涉嫌侵权人收到警告函后,应当及时进行评估,根据评估结果采取不同应对措施。如果侵权成立,那么应积极与对方谈判,了解对方意图,力争达成和解,避免损失的扩大。谈判期间可视情况通过专利无效程序、公司收购、反诉、针对性地提出其他诉讼或与其他企业战略联合采取行政、商业、司法、市场等手段给对方施加各种压力,迫使对方停止威胁。

如果侵权不成立,那么应当及时做好应诉准备,收集相应证据,同时向对方回函阐述己方认为不侵权的观点,尽量避免诉讼的发生。需要注意的是,回函阐述观点时不应将具体的抗辩理由、关键证据全盘托出,以防导致日后在可能发生的诉讼中处于被动。

收集证据。在侵权纠纷中,收集证据对涉嫌侵权人同样重要。涉嫌侵权人应当积极收集能够证明自己不侵权或者免除侵权赔偿责任的证据。例如,使涉案专利丧失新颖性、创造性的证据;享有先用权的证据;实施的技术属于公知技术的证据。

涉案专利的法律状态。涉嫌侵权人在接到专利权人或者利害关系人的警告函或者起诉状副本后,应当迅速查明该涉案专利的法律状态。一般来说,企业要查明该专利是不是中国专利,该专利的申请日、优先权日、公开日、终止日,并查明专利年费是否一直在缴纳等。然后,根据获得的这些基本信息,采取相应的对策。例如，根据该专利的申请日，判断自己是否享有先用权，如果享有先用权，可以以此进行不侵权抗辩。显示专利法律状态的是专利证书和专利登记簿。专利证书作为专利权的凭证，记载了发明创造的名称、发明人、专利权号、专利权人等信息。但专利证书一经颁布，无论以后上述信息发生何种变化，专利证书上都不会重新改动和记载。因此，仅仅依靠专利证书来确定涉案专利的法律状态是不够的。专利证书的上述限制可以由专利登记簿得到弥补。专利登记簿包括以下事项：专利权的授予；专利权的转让和继承；专利权的撤销和无效宣告；专利权的终止和恢复；专利实施的强制许可；专利权人的姓名和国籍等。在专利权授予后，专利权的变化会随时在专利登记簿上记载。

判断是否属于不视为侵权行为。不视为侵权的行为包括专利权用尽、先用权、临时过境和科学研究与实验性使用四种。涉嫌侵权人应当审查自己的行为是否属于这四种例外情形之一。如果自己的行为确实属于上述情形，就可以不必再对复杂的技术和法律问题进行研究，而是直接提出自己的行为属于《专利法》明文规定的不视为侵权行为，不应承担侵权责任。

判断涉案专利是否有效。首先，涉案侵权人应当对现有技术进行全面的检索和调查，寻找该专利缺乏新颖性和创造性的证据。同时，分析涉案专利中是否存在其他可能导致专利无效的缺陷。如果找到这样的证据或缺陷，被控侵权人可以向专利复审委员会请求宣告该专利无效。专利检索的范围，包括世界主要国家的专利文献、有关技术领域的专业期刊等。检索工作的专业性较强，最好由专门的专利检索人员进行。现有技术的调查主要调查同类产品的说明书、广告、目录等，以确定专利申请日前是否有同类产品在市场销售，以及该专利技术是否已经通过某种方式公开过。

其次，涉嫌侵权人应当审查涉案专利的专利文件，包括该专利的授权文本和该专利在申请阶段、复审阶段、无效阶段的各种专利文件。在专利申请案卷中，通常有审查意见通知书、意见陈述书等原始文件，通过这些文件可以了解原专利申请在审批过程中的修改和变动情况。例如，被控侵权人在查阅专利申请卷宗的过程中，发现专利申请人对申请文件的修改超出了原说明书和权利要求记载的范围的，被控侵权人就可以以《专利法》及其实施细则为依据，向专利复审委员会请求宣告该专利权无效。同时，可以借助审查历史中专利权人的意见陈述和修改限制其对保护范围的不当扩大。

判断审查实施的技术是否落入涉案专利的保护范围。涉嫌侵权人在判断涉案专利是否有效的同时，还应当确定该专利权的保护范围，并根据全面覆盖原则、等同替代原则、禁止反悔规则等专利侵权判定规则，分析自己实施的技术是否落入该专利权的保护范围。涉嫌侵权人运用专利侵权判定规则进行判定后，如果认为并没有落入该专利保护范围的，涉嫌侵权人可以提出自己行为不构成侵权的抗辩。即使涉嫌侵权人通过分析，判定自己实施的技术落入涉案专利的保护范围，但涉嫌侵权人有证据证明自己实施的技术属于公知技术的，仍可以提出公知技术抗辩。此外，如果涉嫌侵权人是专利产品的使用者或销售者，而涉嫌侵权人不知道该产品属于侵权产品，并能举例证明该产品具有合法来源的，那么涉嫌侵权人可以提出自己只承担停止侵权的责任而免除赔偿损失的责任。

及时与专利权人协商和谈判。被控侵权人收到专利权人的警告函后，一方面要积极收集证据，全面研究分析相关的技术问题；另一方面要及时与专利权人协商和谈判，争取较低的损害赔偿数额，或者以自己认为有利的其他方式解决纠纷，例如取得专利权人的实施许可或交叉许可等。需要指出的是，涉嫌侵权人在与专利权人进行协商和谈判之前，所做的收集证据和全面研究分析相关技术问题的工作，对于在协商和谈判中争取主动权具有重要意义。例如，如果涉嫌侵权人通过技术分析，认为涉案专利有可能被宣告无效，那么就可以此作为谈判的筹码，从而获得对自己有利的谈判结果。

充分利用程序权利积极应诉。专利权人就侵权纠纷向人民法院起诉的，涉嫌侵权人应当积极应诉，并对相关法律问题进行分析。例如，原告是否合格、起诉是否在诉讼时效内、受理案件的法院是否有管辖权等，从而可以提出诉讼主体资格抗辩、诉讼时效抗辩或者管辖权异议。此外，被告可以在答辩期内向专利复审委员会提出无效宣告请求，并通过在答辩状中对技术问题的详细分析，说服法官裁定中止诉讼。诉讼程序的延缓或中止，通常可以给被告更为充分的应对准备时间，在对诉讼没有准备或案情复杂、工作量大的情况下，这一点尤为重要。专利侵权纠纷融合了复杂的技术问题和法律问题。无论专利权人还是涉嫌侵权人都需要大量的取证、调查和研究分析工作，并结合一定的谈判技巧和诉讼技巧，才能更好地维护自己的合法权益。

2. 抗辩事由

在专利侵权诉讼中，专利权人及其利害关系人对被控侵权人的侵权指控不一定成立。在很多情况下，被指控的侵权行为并不能认定构成侵权。被控侵权人可以针对侵权指控从多个方面进行抗辩，从而得以减轻或免除侵权责任。被控侵权人可以援引的抗辩事由一般包括：专利权无效抗辩、公知技术抗辩、诉讼时效抗辩、非故意行为抗辩、不视为侵权抗辩和诉讼主体资格抗辩。

（1）专利权无效抗辩。专利侵权诉讼中，被告最为常用的抗辩理由之一是专利权无效。一项专利的授权仅仅意味着专利局实质审查部门认为其符合授权条件，但如果该专利遭到无效质疑，专利复审委员会将根据无效请求的内容对其有效性重新进行审理，以确定专利权是否应被维持（部分）有效。例如，在审查一项发明专利申请是否具备创造性的时候，如果审查员对足以否定申请创造性的文献出现漏检，而被告查询到该文献并据此提出无效宣告请求，专利将被宣告无效。另外，按照我国《专利法》的规定，对实用新型和外观设计专利并不进行实质审查，只进行形式上的审查，其有效性是待定的。在专利侵权诉讼中，企业只要能证明原告的专利权无效，就不用承担专利侵权的法律责任。在运用专利权无效抗辩时，企业可按照以下几点操作。

首先，确认提起侵权诉讼方使用的专利是哪一项专利，查询该专利权的法律状态，比如在被控实施侵权行为之时该专利是否仍然有效。

其次，明确对方所依据的权利要求是哪一项或哪几项，以这些权利要求的无效作为无效宣告请求的最低目标，最好是争取专利权的全部无效。

再次，委托专业人员对专利文件以及审查过程进行取证和分析，向专利复审委员会提出无效宣告请求。

最后，在提出无效宣告请求的同时，可以依法申请中止相关侵权诉讼。如果专利权被生效的行政决定或司法判决宣告无效，那么视为权利自始不存在，权利人主张侵权救济的权利依据丧失，从而侵权之争将不复存在。

（2）主张未落入保护范围。在专利侵权诉讼中，被告经常主张其所实施的技术并未落入原告专利权的保护范围，即被告的行为不构成侵权。这一抗辩理由是否成立，需由法院审理确定。主要理由包括：被控侵权物没有使用与原告专利必要技术特征相同的特征；被控侵权物没有使用与原告专利必要技术特征等同的特征。

（3）诉讼时效抗辩。为了督促权利人积极行使权利，维护社会关系稳定，法律规定了诉讼时效制度。根据《专利法》的规定，侵犯专利权的诉讼时效为两年，自专利权人或利害关系人得知或者应当得知侵权行为之日起计算；如果是连续性的侵权行为，则从侵权行为结束之日起算。其中，"得知"指权利人发现侵权行为的确切事实，包括侵权行为人和侵权行为，两者缺一不可，否则权利人将无法提出侵权诉讼。例如，专利权人发现某企业未经许可正在生产专利产品。"应当得知"是指按照案件的具体情况，权利人作为一般人应当知道侵权行为存在。"应当得知"是法院处理案件时的推定，要以一定事实为基础。依据该事实，如果一般人都能够知道，那么可以推定权利人也应该知道。例如，侵权产品已经在市场上大规模地销售，或者侵权人利用媒体为侵权产品做了广泛宣传，都可以认定权利人应当得知侵权行为发生。如果自侵权人实施侵权行为终止之日起超过两年，专利权人将失去胜诉权。

需要指出的是，专利权与传统民法上的物权一样，是绝对权。对于停止侵权行为这种具有"物上请求权"性质的请求，不受诉讼时效的限制。而损害赔偿请求这种具有债权性质的请求，则要受诉讼时效的限制。因此，被告基于连续并正在实施的专利侵权行为已超过诉讼时效进行抗辩的，法院可以根据原告的请求判令被控侵权人停止侵权。

实践中，得知或应当得知的确定，关系到诉讼时效的起算，常常成为当事人争议的焦点问题。司法实践中，对于当事人"得知"或"应当得知"的判断主要依赖于证据体现的案件事实具体分析。与"得知"这一标准相比，"应当得知"的确定在一定情况下体现了法官的内心确认和自由裁量权。"应当得知"其实是一种法律上的推定，不论权利人实际上是否知道自己的权利受到损害，只要客观上存在使其知道的条件和可能，因权利人主观上的过错、本应知道而没有知道的，也视为"应当得知"。

（4）非故意行为抗辩（合法来源抗辩）。根据《专利法》规定，为生产经营目的，使用或销售不知道是未经专利权人许可而制造并售出的专利产品，或者依照专利方法直接获得的产品的行为，属于侵犯专利权的行为。但是，使用者和销售者能证明其产品合法来源的，不承担赔偿责任，而应当承担停止侵权行为的法律责任。企业在运用此抗辩理由时，应注意以下几点。一是非故意行为抗辩成立的前提条件是侵权行为确实成立。二是应证明相关产品的合法来源，一般需要证明相关产品是在公开市场上合法取得且价格合理，相应证据包括涉及相关产品的购销合同、发票、提货单、送货单等。三是要说明主观上"不知道"是未经专利权人许可而制造并售出的专利侵权产品。实践中，"不知道是侵权产品"作为消极事实难以证明；一般由原告举证证明"知道是侵权产品"，例如原告曾经向被告发出过警告函。

（5）不视为侵权抗辩。为了防止专利权的行使妨碍正常的生产、生活秩序，平衡专利权人与社会公众的利益，《专利法》第七十五条规定了五种不视为侵犯专利权的例外行为，作为对专利权行使的限制。在这五种情形下，行为人未经专利权人许可而实施其专利的行为，由于法律的特别规定而不具有违法性。这五种例外情形是：专利权用尽、先用权、临时过境、科学研究与实验性使用以及行政审批要求。

专利权用尽。根据《专利法》规定，专利产品或者依照专利方法直接获得的产品，由专利权人或者经其许可的单位、个人售出后，使用、许诺销售、销售、进口该产品的行为，不视为侵犯专利权。这样规定的原因在于，专利权人合法投入市场的专利产品售出后，其专利权已经实现，权利人不应再就同一产品重复获利。同时，这也有利于专利产品的流通和利用。被控侵权人在主张专利权用尽时需要注意以下三点：一是相关产品投入市场是经权利人同意的合法行为，未经权利人同意的无权处分行为导致的相关产品进入市场不产生专利权用尽的后果；二是被控侵权人在主张专利权用尽时，必须证明相关产品的合法来源；三是行为人的行为仅限于使用、许诺销售、销售、进口相关产品，不包括生产制造。

先用权。根据《专利法》的规定，在专利申请日前已经制造相同产品、使用相同方法或者已经作好制造、使用的必要准备，并且仅在原有范围内继续制造、使用的行为，不视为侵犯专利权。这样规定的原因在于，我国专利制度采取"先申请原则"而不是"先发明原则"或"先使用原则"。因此，在专利权人提出专利申请之前，可能有人已经研究开发出同样的发明创造，并且已经开始实施或准备实施，这样的人被称为"先用者"。在这种情况下，如果在专利权授予后禁止先用者继续实施发明创造，显然有失公平。因此，《专利法》规定在先使用行为产生先用权，可以对抗专利权。关于先用权，企业还需要注意先用权必须限于原有范围之内，超出这一范围的制造、使用行为，构成侵犯专利权。所谓"原有范围"，一般是指专利申请日前所准备的专用生产设备的生产能力的范围。先用权的转移是受限制的，它只能随原企业或实施该专利的原企业的一部分一起转移，而不能单独转移。在行使先用权抗辩时，企业需要注意以下几点。①时间条件：必须证明申请人提出专利申请以前，被控侵权人已经制造相同的产品、使用相同的方法或已经做好制造、使用的必要准备。②独立性：制造或使用的技术是先用权人自己独立完成的，而不是抄袭、窃取专利权人的。③实施限度：先用权的制造或使用行为，只限于原有的范围和规模之内，即制造目的、使用范围、产品数量都不得超出原有的范围。如果在先的制造、使用已构成《专利法》意义上的公开，那么优选宣告专利权无效而不是主张先用权抗辩。

临时过境。根据《专利法》的规定，临时通过中国领陆、领水、领空的外国运输工具，依照其所属国同中国签订的协议或者共同参加的国际公约，或者依照互惠原则，为运输工具自身需要而在其装置和设备中使用有关专利的行为，不视为侵犯专利权。这一例外规定的原因是为了保证国际交通运输的自由和畅通。

科学研究与实验性使用。根据《专利法》的规定，以研究、验证、改进专利为目的，在专门针对专利本身进行的科学研究与实验中，制造、使用专利产品或者使用专利方法，以及使用依照专利方法直接获得的产品的行为，不视为侵犯专利权。这一例外的原因是鼓励科学研究与实验，促进科技进步。

行政审批要求。根据《专利法》的规定，企业为了提供行政审批所需要的信息，制造、使用、进口专利药品或者专利医疗器械的行为不被视为侵犯专利权。

（6）诉讼主体资格抗辩。在专利诉讼中，被告方应注意原告的诉讼资格，在特定情况下可以原告不具有诉讼主体资格为由提出抗辩。一般来说，以下几种情况，原告不具有诉讼主体资格。

一是在普通实施许可合同中，被许可人不能单独就侵犯专利权的行为提起诉讼。

二是对于单位享有专利权的职务发明，发明人仅有署名权和获得物质报酬权。如果侵权纠纷针对的是署名权以外的权利，那么发明人无权就此提起诉讼。

三是在专利权发生转让的情形中，原专利权人无权就转让后的专利纠纷提起诉讼。

四是在合作或委托完成的发明创造中，如果专利权属于某一方，那么另一方无权就侵犯专利权的行为提起诉讼，即使其是该发明创造的实际发明人。

（7）现有技术抗辩。现有技术抗辩又称公知技术抗辩，如果被控侵权技术属于涉案专利权申请日之前的现有技术，那么不构成侵犯专利权。《专利法》第六十七条规定："在专利侵权纠纷中，被控侵权人有证据证明其实施的技术或者设计属于现有技术或者现有设计的，不构成侵犯专利权。"公知技术抗辩是一种法定的抗辩权，现有的规定较为笼统，争议颇多，以下仅就司法实践中的较统一做法进行介绍，不做理论探讨。现有技术抗辩中，涉及原告专利、被控技术和引证技术（现有技术）三个对象。被告可以直接将被控技术与现有技术进行对比，如果属于现有技术，那么抗辩成功。当然，被告也可以用被控技术与原告专利进行对比，主张未落入保护范围，再进行现有技术抗辩。切忌直接将原告专利与现有技术进行对比以主张原告专利属于现有技术。关于抗辩成立的标准，也就是在什么情况下被控技术"属于"现有技术，最高人民法院做出了相应的解释：被诉落入专利权保护范围的全部技术特征，与一项现有技术方案中的相应技术特征相同或者无实质性差异的，人民法院应当认定被诉侵权人实施的技术属于《专利法》第六十七条规定的现有技术。实践中，企业一般仅能将一份引证技术与被控技术进行对比，不能用多份引证技术组合与被控技术进行对比。

4.3 专利无效程序

请求宣告专利权无效是《专利法》赋予社会上的任何单位或个人的一项权利。专利权的无效宣告是指，在专利权被授予后，任何单位或个人认为该专利权的授予不符合《专利法》及其实施细则的有关规定，而请求专利复审委员会宣告该专利权无效的一种制度。

无效宣告案件既包括对经过实质审查的发明专利权提出的无效宣告请求，也包括对未经实质审查的实用新型和外观设计专利权提出的无效宣告请求；既包括对尚在专利有效期内的专利权提出的无效宣告请求，也包括对因期限届满而已终止或在期限届满之前就已终止的专利权提出的无效宣告请求；既包括他人提出的无效宣告请求，也包括专利权人本人提出的无效宣告请求。

关于无效宣告程序究竟属于何种性质，是行政机关处理平等民事主体之间就专利权是否有效发生的纠纷的民事裁决程序，还是行政机关纠正不当授权的行政确权程序，业内一直存在争议。目前主流观点认为，无效宣告程序虽因民事主体之间的纠纷而起，但其实质上是行政机关接受社会公众的监督，借助无效宣告请求人提出的无效宣告请求纠正不当授权的行政确权程序。当事人不服专利复审委员会做出的无效宣告请求审查决定（以下简称"无效宣告决定"）而提起的诉讼，为行政诉讼。

专利权是一种对发明创造享有的专有权，是由国家知识产权局代表国家对专利申请进行审查后，认为其符合《专利法》及其实施细则的相关规定而授予的权利。专利权具有排他性，对符合《专利法》及其实施细则规定的专利申请授予的专利权是专利权人因对社会做出贡献而应依法享有的权益；相反，如果一项专利权的授予不符合《专利法》及其实施细则的规定，那么是对社会公众权益的不合理限制和侵害。专利权是一种无形财产权，对这种财产权及其归属的确定比有形财产要复杂、困难得多，它需要经过一系列的法律程序。对于经过审查并获得授权的专利权而言，该财产权的成立和归属仅处于法律上的推定状态。在专利申请的审批过程中，由于存在主客观因素的影响，难免会出现少数不符合《专利法》及其实施细则规定的专利申请被授予专利权的情况。设置专利权无效宣告程序，就是向社会、向那些对国家知识产权局授予的专利权有不同意见的公众，尤其是那些与该专利权有直接利害关系的人提供一个请求取消该专利权的机会。由此可知，设立专利权无效宣告程序的目的就是纠正不符合《专利法》及其实施细则的专利申请被授予专利权的现象，通过无效宣告程序来取消对这些已经取得法律效力的财产权的承认，从而维护社会和公众的合法权益，保证专利制度的正确运行。

4.3.1 其他主要国家的专利权无效宣告制度

任何国家都无法避免其授予的专利权存在不符合有关法律规定、不应当被授权的情况，因此，建立相应的纠正机制是建立专利制度的国家的必然选择。其目的是一旦认定专利权不应当被授予，即可宣告专利权无效，以维护社会公众的权益不受侵害。关于专利权无效宣告制度，目前有代表性的两种模式是德国模式和美国模式。

德国模式：由不同的法院分别受理专利侵权诉讼案件和专利无效诉讼案件。宣告专利权无效的请求由德国联邦专利法院（FPC）受理；指控侵犯专利权的请求由德国联邦州法院受理。在专利侵权诉讼中，被控侵权人向德国联邦专利法院请求宣告专利权无效的，侵权审理法院一般会中止侵权案件的审理，等待德国联邦专利法院对专利有效性的审理结果；被控侵权人没有请求宣告专利权无效的，侵权审理法院不得质疑专利权的有效性，应当推定所涉及的专利权是一项有效专利权，并以此为前提对被控侵权行为是否构成侵权行为进行审理。

采用德国模式的国家有德国、奥地利、日本、韩国等。我国在1984年建立专利制度之初选择的是与德国类似的模式，但是我国的专利复审委员会和德国联邦专利法院的性质有所不同，专利复审委员会的无效宣告决定是行政决定，对无效宣告决定可以提起行政诉讼，从而启动司法程序，而德国联邦专利法院的决定是司法判决，对其判决不服可上诉到德国联邦最高法院（FSC）。

美国模式：针对授权后的专利，美国专利法规定的程序相对复杂，除了再颁程序外，还包括单方再审、授权后重审和双方重审程序，这三个程序均由专利审判和申诉委员会（PTAB）审理。单方再审程序是任何人认为专利权的授予不满足专利性的要求而提起再审的程序。在单方再审程序中，再审请求人的任务仅仅是启动该程序，在PTAB开始审理后，再审请求人不再参与。授权后重审与双方重审程序是《美国发明法案》中新设立的两个程序。启动"授权后重审"程序的时间为专利授权之日起1年内，可以以任何理由请求宣告专利权无效；启动"双方重审"程序则需要在专利授权1年以后或者在"授权后重审"程序终止后，并且只能以专利或出版物为证据，以新颖性和创造性为无效宣告理由。针对PTAB在以上程序中做出的决定，均可向美国联邦巡回上诉法院上诉。

另外，在美国联邦地区法院审理专利侵权纠纷的过程中，如果被控侵权人质疑专利权的有效性，该法院也会一并审理专利权是否有效的争议，但其审理结果仅对争议双方当事人有效。

4.3.2 无效宣告请求的审查流程

无效宣告请求提出后，经历的审查流程包括：形式审查、合议审查和无效宣告决定三个阶段。专利宣告请求流程如图4-3所示。

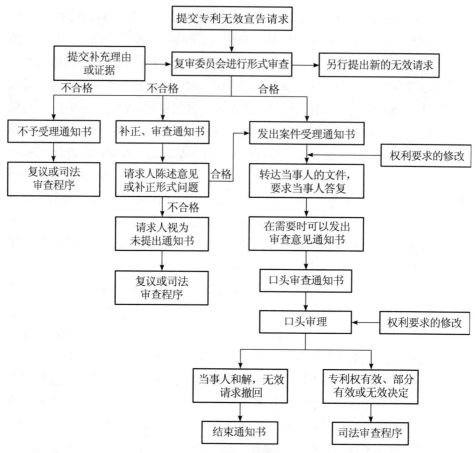

图 4-3 专利宣告请求流程图

（1）形式审查。专利复审委员会在收到无效宣告请求人提交的无效宣告请求书后，先进行形式审查。形式审查的主要内容包括：①无效宣告请求的客体是否为已经公告授权的专利，是否已被生效的无效宣告决定宣告无效；②无效宣告请求人是否适格；③无效宣告请求的范围是否明确，理由是否为法定无效宣告理由，证据的提交是否符合要求；④文件是否符合规定格式；⑤是否足额缴纳费用；⑥委托手续是否合格等。

无效宣告请求经过形式审查符合《专利法》及其实施细则规定的，专利复审委员会将发出无效宣告请求受理通知书，并将无效宣告请求书和有关文件的副本转送给专利权人，要求专利权人在收到通知书之日起1个月内答复。专利权人应该在收到转送的无效宣告请求书后按时答复，期满未答复的，将被专利复审委员会视为已得知转送文件中所涉及的事实、理由和证据，并且未提出反对意见。

（2）合议审查。形式审查合格后，专利复审委员会将组成合议组对案件进行合议审查。在合议审查阶段，合议组通常会处理如下事项。

第一，专利复审委员会将专利权人的意见陈述书、修改的权利要求书、提交的反证、无效宣告请求人在规定的期限内提交或补充的证据和理由转送对方当事人。

第二，根据当事人的请求或者案情需要决定是否进行口头审理。在决定进行口头审理后，专利复审委员会将发出口头审理通知书，告知双方当事人举行口头审理的地点和时间等事项。任何一方当事人也可以向专利复审委员会以书面方式提出口头审理请求，说明要求口头审理的理由。一般来说，对于尚未进行口头审理的无效宣告案件，专利复审委员会在审查决定做出前收到当事人的口头审理请求的，合议组应当同意进行口头审理。

第三，专利复审委员会按口头审理通知书指定的日期进行口头审理。原则上，专利复审委员会通常仅针对无效宣告请求人提出的无效宣告请求的范围、理由和提交的证据进行审查，不承担全面审查专利有效性的义务。但是，为了提高行政效率，当出现例如需要释明的情形、需要依职权引入无效宣告理由的情形以及需要依职权认定公知常识或者引入证据的情形时，专利复审委员会也会行使依职权审查职能。在合议审查的过程中，双方当事人可以在自愿的基础上进行和解。如果达成和解协议，无效宣告请求人可以在专利复审委员会做出审查决定之前撤回无效宣告请求，无效宣告程序终止。但是，如果专利复审委员会认为根据已进行的审查工作能够做出宣告专利权无效或者部分无效的决定的，专利复审委员会有权不终止审查程序。

（3）无效宣告决定及后续程序。专利复审委员会合议组经过上述工作后，在查明事实的基础上，按照少数服从多数的原则通过表决做出无效宣告决定。

无效宣告决定分为下列三种类型：①宣告专利权全部无效；②宣告专利权部分无效；③维持专利权有效。宣告专利权部分无效包括在专利权人提交的修改文本的基础上维持专利权有效的情形。根据《专利法》第四十七条的规定，宣告无效的专利权视为自始即不存在。

无效宣告决定做出后，专利复审委员会将会把无效宣告决定书送达双方当事人。任何一方当事人如果不服无效宣告决定，可以在收到决定之日起 3 个月内向北京知识产权法院提起行政诉讼。如果当事人未在收到审查决定之日起 3 个月内向人民法院起诉或者人民法院生效判决维持专利复审委员会的无效宣告决定的，无效宣告程序终止。

4.4　商标异议和无效程序

4.4.1　商标异议的概况

（1）商标异议提起的时间。商标异议是《中华人民共和国商标法》（简称《商标法》）规定的对初步审定商标公开征求社会公众意见的法律程序，其目的在于监督商标局公正、公开地进行商标确权。对初步审定的商标有不同意见的单位和个人，可以在初步审定公告之日起 3 个月异议期内向商标局提出异议。

（2）商标异议提起的主体。任何人均可以提出商标异议申请，对于异议的理由也是没有任何限制的。因此，这种情况导致了大量商标异议案件发生，特别是恶意提出异议阻延他人取得商标证的情况时有发生。

绝对理由提出的主体是任何人。任何人认为初步审定公告的商标违反《商标法》第十条、第十一条、第十二条的规定的，可以向商标局提出异议。这三条均属于禁用性条款，被异议商标的注册可能有损的是公众领域的权利或权益。

相对理由提出的主体是在先权利人、利害关系人。在先权利人、利害关系人认为被异议商标的注册可能有损的是私人领域的权利或权益，并且违反2019 年《商标法》第十三条、第十五条、第十六条、第三十条、第三十一条、

第三十二条规定的,可以向商标局提出异议。这几条均属于相对性条款,被异议商标的注册可能有损的是私人领域的权利或权益。

4.4.2 商标异议流程及提起的途径

商标异议流程如图 4-4 所示。

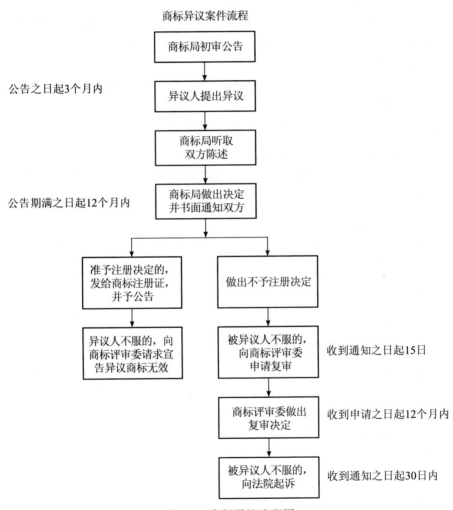

图 4-4 商标异议流程图

商标异议的提出,一是委托国家认可的商标代理机构办理;二是异议人自己办理。其中异议人自己办理商标申请也有两条途径：一是直接到商标局的商标注册大厅办理；二是通过邮寄文件办理。

（1）应提交的文件。商标异议申请书，异议申请人必须要有明确的请求和事实依据；有关证据材料；初步审定公告的复印件；异议人的身份证明如营业执照复印件（加盖企业印章）、身份证复印件等；委托商标代理机构办理商标异议申请的，还须提供委托商标代理机构办理商标异议事宜的代理委托书。

（2）相关文件的具体要求。一件商标异议申请只能对一件商标提出异议；申请文件均应一式两份；异议申请书应当打印，其他文件应当字迹工整；被异议的商标及其初步审定号、被异议人（以《商标公告》上的商标申请人为准）的名称及地址务必填写清楚；通过商标代理机构申请注册的被异议商标，还需要填写商标代理机构名称；提出异议的异议人的名称及联系方式务必填写清楚，并加盖与异议人名义相同的印章（异议人为自然人的，须签字或盖章）。

商标异议申请书如图4-5所示。意见陈述样板如图4-6所示。

商标异议申请书

被异议商标：××
类别：第9类
初步审定号：7506168
初步审定公告期：第1238期
初步审定公告日期：2010年11月6日
被异议人名称：××（集团）有限公司
被异议人地址：香港××道中××号南丰大厦××室
邮政编码：5××
被异议人代理组织名称：
异议人名称：佛山市××电子实业有限公司
异议人地址：广东省××市南海区大沥××大道二村路段
邮政编码：5××
联系人：××
电话（含地区号）：××
传真（含地区号）：××
异议人代理组织名称：
异议请求和事实依据：
异议人章戳（签字）：××
代理组织章戳：
代理人签字：

图4-5　商标异议申请书

商标异议申请陈述意见

异议请求：

异议人对被异议人在第 9 类"电缆；电线；电线识别线；电报线；电源材料（电线、电缆）；电话线；同轴电缆；绝缘铜线"等商品上申请注册，并经贵局初步审定，刊登在第 1238 期商标公告上的第 7506168 号"××"商标（以下称被异议商标）提出异议，并请求不予核准注册被异议商标。

事实依据：

一、被异议商标和异议人的注册商标相同且二者国际分类号相同，被异议商标依法不应核准注册。

异议人的文字商标"××"（以下称异议人商标）于 2005 年 9 月 21 日被贵局核准注册并公告，注册号为 3265842，国际分类号为第 9 类，商品服务列表为防盗报警器；家用遥控器；车辆用收音机；教学仪器；电视机等，至今该商标仍有效。被异议商标也为文字商标，文字内容和异议人商标完全相同；被异议商标的国际分类号和异议人商标的国际分类号相同，均为第 9 类；

二、异议人简介：

异议人成立于 2003 年 6 月 24 日，在佛山市南海区工商行政管理局注册登记，是一家从事电子产品研发、生产和销售的高科技企业，2010 年通过了年检，至今合法有效。而被异议人成立于 2009 年 6 月 2 日，在香港特别行政区的公司注册处注册登记，比异议人晚了 6 年。

三、异议人商标具有较高知名度。

异议人在电子行业经营多年，异议人电子产品多达十几种，连锁店遍及全国各地。异议人的商标在电子行业同行中具有较高知名度。

四、被异议商标对异议人商标的损害。

被异议商标的使用容易引起消费者的误认，即引起消费者对产品来源产生误认，会使消费者误认为被异议人和异议人存在一定所属关系，本着对异议人产品品质的信任而误购，使消费者利益受损，使异议人合法权益受损。

鉴于以上事实，异议人认为根据《商标法》有关规定，被异议商标不应核准注册。

异议人保留依法于三个月内提供补充材料的权利。

异议人：佛山市 ×× 电子实业有限公司
日期：××

图 4-6　商标异议申请陈述意见

（3）异议申请的补正（非必经程序）。它主要包括寄发补正通知和限期补正。

寄发补正通知。商标局在收到异议申请后，如果发现异议申请文件中存在问题，将向异议人或商标代理机构寄发补正通知，限期补正。如果是异议人自己提交的申请，商标局将直接给异议人寄发补正通知；如果是委托商标代理机构办理商标异议申请的，商标局会将补正通知寄发给该商标代理机构。

限期补正。异议人或商标代理机构在收到商标局发出的异议补正通知后，按照通知中所要求的补正内容进行补正，在规定的时限内将已补正的材料和商标局发出的补正通知一并交回商标注册大厅或通过挂号信邮寄至商标局。除要求补交异议书副本以外，其他补正的材料仍需要一式两份。

注意事项：①补正的文件必须加盖与异议人名义相同的印章；②补正的内容一定要填写清楚、准确；③补正的时限为自当事人收到商标局补正通知之日起30天内，当事人应将商标局的发文信封作为收文日的凭证，连同商标局的补正通知一并附上送达商标局；④委托商标代理机构办理商标异议申请的，必须加盖该商标代理机构的公章。

（4）不予受理的情况。商标异议申请有以下几种情况的，商标局将不予受理：

- 超出法律规定异议期限的。
- 商标异议申请中没有明确的请求和事实依据的。
- 未在规定期限内缴纳商标异议规费的。
- 在规定的期限内未补正或未按要求补正的。

（5）异议规费。每件商标异议申请应缴纳规费1 000元。对于委托商标代理机构办理的异议申请，异议人向商标代理机构缴纳异议规费和代理费，商标局收取的异议规费从该商标代理机构的预付款中扣除。对于直接到商标注册大厅办理的异议申请，在商标注册大厅的缴费窗口直接缴纳。对于通过邮寄文件办理的异议申请，必须通过银行信汇、电汇方式付款。

（6）注意事项。商标局收到商标异议申请后，经过形式审查，给符合受理条件的异议人开具《受理通知书》。如果是异议人自己提交的异议申请，商标局将直接给异议人寄发《受理通知书》。如果是委托商标代理机构办理商标异议申请的，商标局会将《受理通知书》寄发给该商标代理机构。

异议人只能对登载在《商标公告》上经初步审定的商标提出异议。

异议人只能在异议期限内对经初步审定公告的商标提出异议。异议期为3个月，自被异议商标初步审定公告之日起计算，在注册公告的前一天结束。

异议人提出的异议应当有明确的请求和事实依据并有相应的证据支持。证据在提出异议申请时不能提交的，异议人应当在异议申请书中声明，并应自提交异议申请之日起3个月内提交证据（可在3个月内邮寄补交）。

异议期限的最后一天是法定假日的，可以顺延至假日后的第一个工作日。

商标异议答辩的期限是30天，自收到答辩通知书之日起计算。对异议补正及证据提交的要求和时限同样适用于答辩程序。

通过银行汇款缴纳异议规费的异议人应将留存的汇款单复印件连同异议申

请书一并送交商标局。商标局收到异议申请书时，如果未收到汇款单复印件，商标局将向异议人寄发《缴费通知》。异议人应按照《缴费通知》缴纳规费，并将留存的汇款单复印件连同《缴费通知》一并邮寄到商标局。

异议人向商标局提交异议申请的日期：直接递交的，以递交日为准；通过邮寄的，以寄出的邮戳日为准；邮戳日不清晰或者没有邮戳的，以商标局实际收到日为准。

由于纸质《商标公告》排版的技术原因，一般在异议期最后一个月提出的异议申请，《商标公告》中还有可能刊登被异议商标的注册公告，因此，《商标法实施条例》第二十八条规定："被异议商标在商标局作出准予注册决定或者不予注册决定前已经刊发注册公告的，撤销该注册公告。经审查异议不成立而准予注册的，在准予注册决定生效后重新公告。"每月28日出版的《商标公告》会刊登商标异议和异议裁定情况。

4.4.3　商标异议的理由

（1）被异议商标违反《商标法》禁用性条款。禁用性条款分为绝对禁用条款与相对禁用条款。绝对禁用条款是指违反规定绝对不能作为商标申请的情形，具体是指违反了《商标法》第十条的规定。相对禁用条款，是指由于缺乏显著性，不能作为商标注册申请的情形，具体是指违反了《商标法》第十一条的规定。不过，一个本来缺乏显性的商标，经过长期使用获得显著性后，是可以作为商标注册的。如"两面针"牙膏就是一个典型的案例，"两面针"是一种植物，是牙膏的主要原料，依规定不得作为商标注册，但由于"两面针"商标的申请人柳州两面针股份有限公司提供了大量的证据，证明"两面针"作为商标在我国经过长期使用，已与牙膏商品紧密结合在一起，得到了普通消费者的认可，因此具备了识别性和显著性，可以作为特例予以注册。为了避免有人通过申请立体商标来垄断某种商品的形状，政府对立体商标也设置了专业的显著性规定，即《商标法》第十二条："以三维标志申请注册商标的，仅由商品自身的性质产生的形状、为获得技术效果而需有的商品形状或者使商品具有实质性价值的形状，不得注册。"正常情况下，针对违反《商标法》禁用性条款的企业，商标局均会进行主动且严格的审查，但毕竟审查员也是普通人，百密难免一疏，为此《商标法》规定了任何人对于被异议商标违反禁用性条款的，均可以提出异议申请。

（2）被异议商标损害驰名商标的权利。对驰名商标给予较宽的特殊保护是世界通行做法，《巴黎公约》第6条第2款就有专门对驰名商标的保护。我国《商标法》第十三条将驰名商标保护分两种情况：一种是未在中国注册的驰名商标，限定在"相同或类似商品"；一种是已在中国注册的驰名商标，可以是"不相同或者不相类似商品"。在商标异议申请当中主张驰名商标保护的，企业必须要在申请书中明确。2013年《商标法》第十四条规定"驰名商标应当根据当事人的请求……"也就是说，驰名商标实行被动保护。除了有明确的驰名商标请求外，还要按2013年《商标法》第十四条的规定提供相应的证据："（一）相关公众对该商标的知晓程度；（二）该商标使用的持续时间；（三）该商标的任何宣传工作的持续时间、程度和地理范围；（四）该商标作为驰名商标受保护的记录；（五）该商标驰名的其他因素。"

（3）被异议商标损害被代理人或者被代表人的利益

《商标法》第十五条规定："未经授权，代理人或代表人以自己的名义将被代理人或被代表人的商标进行注册，被代理人或者被代表人提出异议的，不予注册并禁止使用。"2013年《商标法》增加了条款："就同一种商品或者类似商品申请注册的商标与他人在先使用的未注册商标相同或者近似，申请人与该他人具有前款规定以外的合同、业务往来关系或者其他关系而明知该他人商标存在，该他人提出异议的，不予注册。"新条款将虽然未建立代理或代表关系，但在经济往来中接触到他人商标，并抢先注册的情况包括在内，是加大了对商标实际使用人的保护。

（4）被异议商标含有地理标志误导公众的。地理标志是指标示某商品来自某地区，该商品的特定质量、信誉或其他特征，主要由该地区的自然因素或者人文因素所决定的标志。若允许他人注册的商标包含有地理标志，且该商品又非来自该标志所标示的地区，则很可能对公众造成误导，为此，《商标法》第十六条规定了对地理标志的保护也是商标异议的理由。

（5）被异议商标与他人商标构成相同或者近似。这里的与他人商标构成相同或者近似，限定在"同一种商品或者类似商品"，同时限定了他人的商标必须是在先的已注册商标或初步审定公告的商标。《商标法》第三十条是商标异议人引用的最常见的条款。

（6）被异议商标损害他人在先权利或抢注他人商标。《商标法》第三十二条规定"申请商标注册不得损害他人现有的在先权利，也不得以不正当手段抢先注册他人已经使用并有一定影响的商标"。这也是商标异议人引用的最常见条款之一。这里的在先权利指的是商标权以外的其他权利，可能是商号权，著作权，外观设计专利权，姓名权，肖像权，知名商品特有名称、包装、包装权益等。抢注他人商标的，除了要求商标相同或近似，商品相同或类似以外，还要求他人的商标是在先并有一定影响，且考虑商标申请人具有主观的恶意。商标异议申请书有一定的格式要求，但异议的事实与理由可以是多样的，只要陈述时有理有据即可。

4.4.4 商标争议（商标宣告无效）的申请

1. 申请人主体资格

单位和个人都可以提出申请，其中商标所有人和利害关系人提出的申请居多。

2. 申请时限

申请人依据《商标法》第四十四条规定提出的商标宣告无效申请没有时间限制。

申请人依据《商标法》第四十五条规定提出的商标宣告无效申请有时间限制。申请人自商标注册之日起五年内，在先权利人或者利害关系人可以请求商标评审委员会宣告该注册商标无效。

3. 商标争议（商标宣告无效）的审理时间

《商标法》对商标争议的审理有相应的时间限制。

商标宣告无效分两种情况。如果依据《商标法》第四十四条以违反禁用性条款提出的宣告无效请求，商标评审委员会要在 9 个月内做出决定，特殊情况可以延长 3 个月；如果依据《商标法》第四十五条以违反相对性条款提出的宣告无效请求，商标评审委员会要在 12 个月内做出决定，特殊情况可以延长 6 个月。如果无效请求人同时依据上述两个条款申请商标无效，具体做法依当时的申请内容而定。

4. 商标争议（商标宣告无效）申请的有关文件

首先，申请人应提供《注册商标争议裁定申请书》。这是申请人提出的"评审请求"，应写明所依据的《商标法》及其《商标实施条例》的具体条款和具体请求。申请人在阐述有关事实和理由时，应写明有关事实所依据的证据，并应另外提供证据目录清单，写明证据的名称、来源和要证明的具体事实与理由并注明附件编号和数量。上述内容连同申请书（首页）一并提交，同时需按照对方当事人的数量提交相应副本。申请人还应提交其他有关的证据材料和实物证据以增强《注册商标争议裁定申请书》的说服力。

其次，申请人应提供相关的身份资料。委托代理机构的申请人必须同时提交委托书。

另外，如果申请人需要在提出商标争议后补充有关证据材料，那么应当在申请书中声明，并自提交申请书之日起 3 个月内提交与申请书相同份数的证据材料；未在申请书中声明或者期满未提交的申请人视为放弃补充有关证据材料。由于商标宣告无效审查规定有相应的时间限制，所以 3 个月的补充证据时间有可能会被缩短。最后，申请人应交纳评审费 1 500 元，答辩不需要交费。

5. 商标争议（或商标宣告无效）的理由

商标争议（或商标宣告无效）的理由与商标异议的理由是一致的，6 种理由如下所示。

- 被评审商标违反《商标法》禁用性条款。
- 被评审商标损害驰名商标权利的。
- 被评审商标损害被代理人或者被代表人利益的。
- 被异议商标含有地理标志误导公众的。
- 被评审商标与他人商标构成相同或者近似的。
- 被异议商标损害他人在先权利或抢注他人商标。

申请人对商标争议（或商标宣告无效）结果不服的，均应 30 日内向人民法院起诉，现有具体受理的法院为北京市第一中级人民法院。

6. 商标争议重复申请的限制

《商标法》第四十二条规定，对核准注册前已经提出异议并经裁定的商标，不得再以相同的事实和理由申请裁定。但商标无效宣告取消了这样的重复申请限制。

7. 商标宣告无效的效力

《商标法》第四十七条规定，依据《商标法》第四十四条和第四十五条的规定宣告无效的注册商标，由商标局予以公告，该注册商标专用权视为自始即不存在。

4.4.5　商标争议（商标宣告无效）的答辩

商标评审委员会受理了商标争议申请人提交的《注册商标争议裁定申请书》后，会向被争议人送达《商标争议答辩通知书》及《注册商标争议裁定申请书》（副本），被争议人要在 30 日内做出答辩。商标宣告无效的答辩时间应与商标争议相同。申请人参加商标争议答辩需要准备的材料和商标争议申请需要准备的材料几乎一样。例如，申请人需要准备《注册商标争议答辩书》《商标争议答辩通知书》的信封、其它有关证据材料和实物证据、商标争议答辩人的身份资料、委托书（如委托了代理机构）。如果答辩人需要在提出复审申请后补充有关证据材料，那么应当在申请书中声明，并自提交申请书之日起 3 个月内提交与申请书相同份数的证据材料。答辩人如果未在申请书中声明或者期满未提交，那么视为放弃补充有关证据材料。

4.4.6　商标争议的评审和裁定

商标评审委员会受理的商标争议申请，将根据《商标法》《商标法实施条例》和《商标评审规则》的有关规定进行评审和裁定。经审理终结的案件，商标评审委员会依法做出裁定，并书面通知双方当事人。

商标评审委员会在评审中，认为争议申请成立的，即做出撤销被争议商标的裁定。

商标评审委员会在评审中，认为争议申请不成立的，即作出争议商标予以维持的裁定。

商标争议当事人在收到《商标争议裁定书》之日起 30 天的法定期限内对商标评审委员会做出的评审裁定不向人民法院起诉的，裁定生效。

商标争议当事人如果对商标评审委员会的裁定不服的，可自收到裁定通知之日起 30 日内向人民法院起诉。商标无效宣告的评审和裁定与商标争议一致。

❖ 小结 ❖

本章就知识产权风险、诉讼和无效等涉及知识产权保护环节进行介绍。知识产权保护是进攻用的长矛，也是防守用的盾牌，通过剖析知识产权风险的实质以及管理的要点，企业可以有效减低侵权的风险，以及必要时通过诉讼的方式有效保护自身的知识产权。通过对侵权诉讼过程中涉及的应对策略以及延伸出来的无效程序的了解，企业可以掌握"攻防"两端知识产权保护的要点。

第 5 章

知识产权贯标

开篇案例 企业开展知识产权贯标带来的飞跃

某企业已经实施知识产权管理多年,但是一直以来知识产权管理都集中在技术环节,即仅与技术研发部门有着密切的联系,知识产权管理的内容也主要为专利挖掘和申请,专利储备量也高达一千多项,但是企业从事的是通信高科技行业,也有涉外贸易的业务,存在多个知识产权风险易发、高发的环节点。

企业通过导入《企业知识产权管理规范》,建立了企业知识产权管理体系,希望通过体系的方式,加强各部门、各环节的知识产权管理水平和手段,并通过对重点环节,知识产权风险易发、高发的地方进行重点关注,提高企业知识产权管理水平和抵御知识产权风险的能力。通过实际运行,企业对产品涉及的知识产权风险进行了全面调查,按照所建立的知识产权管理体系的要求进行有效的管理,并及时发现知识产权风险点,帮助企业降低了风险可能造成的损失,为企业知识产权管理水平带来了质的飞越。下面是该企业在贯标后管理活动的两个示例。

示例 1:对产品所涉及的知识产权状况进行全面审查和分析,明确风险,制定规避方案。

根据体系要求,公司对所有的销售产品进行覆盖式的知识产权检索和风险分析，形成了知识产权检索报告和市场风险分析报告，并及时反馈到市场，结合实际的市场态势确定风险大小、紧急程度，并联合执行知识产权风险规避方案。企业在对某产品的检索过程中，发现有一项外观设计专利与该产品的外观十分近似，属于同一领域的相同产品，可能存在较大的风险隐患。经过市场信息渠道的反馈，企业确认了该专利的专利权人为公司产品的生产合作伙伴。经过对委托加工合同调阅分析，企业制定了一系列的操作进行风险规避，控制了该风险点，避免了产品大量投放市场后可能产生的侵权问题，并对生产环节进行普查，对此环节可能涉及的知识产权风险进行识别。

示例2：对涉外贸易中采购产品知识产权风险的防范。

根据体系要求，企业对涉外贸易的产品调查目的地知识产权法律情况，了解行业诉讼，分析可能涉及的知识产权风险。企业在海外项目中计划配套采购一批国内产品交付到 A 国使用，选型完成后，企业对该拟采购产品进行了知识产权调查，发现该产品所使用商标在 A 国发生了被抢注的情况，且进一步调查发现，该产品的制造商已经因为向 A 国出口该产品被起诉商标侵权。明确了采购该产品销售到 A 国可能产生的风险后，企业的市场部马上换了另外一家没有明确风险的产品作为替代，顺利将产品出口到 A 国并交付使用。

企业通过贯彻实施《企业知识产权管理规范》标准，能够在多个环节预警风险，控制风险，避免损失。通过实实在在的案例，让企业员工意识到知识产权对于企业的重要性，明白自己从事的工作可能给企业带来的巨大知识产权风险，从而使企业的知识产权管理，尤其是风险管理更加规范、有效，为企业知识产权管理带来了飞越。

5.1 从 0 到 1 的知识产权管理

知识产权已经成为企业参与市场竞争、赢取竞争优势的重要武器和战略资源。知识产权的创造、运用、管理和保护能力，直接体现了企业的市场竞争能力和可持续发展能力，知识产权的战略规划和综合管理已经成为企业管理的重要内容。

我国存在大量中小企业和初创企业，它们是我国经济的重要组成部分，也是我国经济最为活跃的一部分，在技术创新、产品创新和模式创新方面往往有着非常强大的动力。

但是，大量的中小企业和初创企业，在刚创立的时候往往追求企业的高速发展，忽略了企业的规范管理，尤其是涉及知识产权环节的规范管理，从而为企业后续的发展埋下了隐患。也有越来越多的中小企业和初创企业意识到这一点，但是苦于知识产权管理的专业性比较强，专业人才缺乏，实施知识产权管理的投入成本较高，导致了企业开展知识产权管理工作的难度较大。

5.1.1 《企业知识产权管理规范》的出台

在上面所说的背景下，国家出台了《企业知识产权管理规范》（GB/T 29490—2013）国家标准（以下简称《规范》），这是我国首个针对企业建立知识产权管理体系的国家推荐标准，目的是在企业，尤其是中小企业和初创企业建设企业知识产权管理的过程中，提供参照的标准和建设依据，有助于企业从零开始，构建自身的知识产权管理体系。

除了通过提出国家标准的方式，为企业提供企业知识产权管理体系的建设参考以外，有关部门在构建《规范》的过程中，对ISO9001质量管理体系与OHSMS（职业健康安全管理体系）等成熟的企业管理体系进行了充分的借鉴，从而降低企业导入标准的难度，也为后期与其他体系实现多体系融合提供了更好的条件。

ISO9001质量管理体系与OHSMS两种标准是通过构建管理体系，形成规划、执行、检查与处理的PDCA循环，达到持续改进系统运作的效果。两者在强调规范与改进方面都具有相同的特性，力求通过建立自我完善与外部评审机制，促进企业管理工作水平的提高。两者要求对每件事必须做到责任明确，时间地点清楚，办事程序规范、清晰，并要求建立事事有记录、事后有检查、有错须纠正等管理措施，形成了一个闭环管理系统。这两种标准建立了不断发现问题、及时解决问题的良性循环机制，通过内部审核、管理评审和外部认证等多种审核检查，及时发现管理中的缺陷和不足，运用管理体系设立的纠正与预防措施和手段，及时解决日常工作和管理方面的问题，使缺陷得到改进，将可能存在的不足消灭在萌芽之中。两种管理体系强调的自我完善与外部评审促进，可为企业开展知识产权管理活动提供借鉴。

综合 ISO9001 质量管理体系的过程管理模式与 OHSMS 关注风险控制的特点，构建知识产权管理标准化的体系也同样采用了基于过程管理的模式，以及强调对知识产权风险的关注和控制。

5.1.2 《企业知识产权管理规范》的要素

《规范》借鉴了 ISO9001 质量管理体系从管理责任、资源管理、产品实现、测量、分析和改进等方面对企业的质量管理活动进行规范的要素，具体包括以下几点。

（1）管理责任。《规范》要求企业最高管理者必须负责质量管理方针的定位、制定、贯彻、维持与审查。由于质量管理方针与企业的奋斗目标、企业使命、发展方向密切相关，最高管理者必须据此来明确质量管理方针，以此作为员工开展相关工作的行动宗旨，激励员工围绕方针行使职责，达到目标。最高管理者应建立质量管理方针与管理目标，进行管理评审并提供必要的资源。企业最高管理者对企业质量管理体系的支持是企业质量管理成败的关键因素。因此，对于此规定，企业在建立知识产权管理体系时，最高管理者应是知识产权管理的第一责任人，负责建立知识产权管理方针与目标，提供知识产权管理的必要资源。为使知识产权管理活动能得到落实，最高管理者可通过设置知识产权管理组织或知识产权主管来代表企业最高管理者实施知识产权管理，并为最高管理者提供决策意见。

（2）资源管理。对于资源管理的要求，《规范》强调企业的资源管理活动是通过资源的调配与运用，使有限的资源产生最大的附加值。因此，企业最高管理者必须合理规划、有效分配与使用资源，其重点是质量管理体系实施与维持所需要的资源，包括人力资源、基础设施、工作环境等，范围涵盖了质量管理体系的全部。ISO9001 质量管理体系对基础设施管理中的信息安全管理系统中的硬件与软件设置、通信管理等都进行了详细的规范，如设备安全管理、网络安全管理、外部信息管理等。这些资源都是企业开展知识产权管理同样应具备的资源条件，可作为企业知识产权管理的基础。从资源管理的角度看，知识产权管理同样要求企业为知识产权管理活动提供充足的资源保证，并加以妥善使用与分配。企业为满足管理体系的要求，有责任为员工提供适当的培训，配备相关的财务资源和信息资源。因此，企业开展知识产权管理活动，应当配备具有相应知识产权知识、技能和经验，并能胜任知识产权管理工作的员工，并为该类员工提供有效的知识产权教育与培训，提供开展知识产权管理活动所需要的财务资源和信息资源支持。

（3）产品实现。对于产品实现的要求，《规范》强调企业必须规划产品实现所需要的各项流程与监测，以确保产品的生产或服务的提供符合规划品质或规划的产出成果。企业必须规划产品实现的流程，重点包括质量目标、产品需求、作业流程与文件、资源需求与供应、监测与验证、质量管理过程记录等项目。ISO9001质量管理体系特别强调企业应当建立符合自身运行需要的管理流程，可以运用该标准提出的设计与开发活动管理模式设计产品实现流程。对于顾客财产的管理要求，ISO9001质量管理体系强调企业在管理与使用顾客财产时，必须能够识别、验证、保护和维护顾客的有形和无形财产。有形财产包括原料、标识、模具等，无形财产包括商标、专利、技术与设计资料、开发测试软件等。ISO9001质量管理体系特别指出了企业实施质量管理必须关注的有关知识产权问题，以避免产生知识产权争议与纠纷。由于知识产权管理的最终产出为无形产品，其过程管理与ISO9001质量管理体系中规定的产品实现中有关设计与开发、采购、生产、服务供应、监控与测量仪器管理等活动密切相关。因此，企业建立知识产权管理体系的时候应把知识产权的创造、运用、保护与管理工作在企业产品实现过程中的各个阶段予以明确规范。

（4）持续改进。ISO9001质量管理体系对于质量监控与考核评价的要求，强调企业必须通过对顾客对本企业提供的产品或服务满意度的信息反馈、内部审核、产品与质量控制流程的监控与评价，来衡量质量管理体系实施的整体状况与绩效，作为企业发现问题、改进管理的基础与途径。对于质量管理执行情况的内部审核，企业必须检查审核计划，依照审核计划、被审核区域流程的状况与重要性、前次审核结果等进行安排，以规定审核的标准、范围、频率与方法。为使审核流程客观与公平，审核员不得审核本身的工作，同时应在程序文件中明确规定审核计划，详细规定执行人员对质量管理执行结果的报告事项以及维持各类记录的责任与要求。被审核区域管理者应针对审核发现的问题，及时采取改正措施。审核后，企业应继续跟踪改进措施的执行状况，并对改进的结果形成验证报告。ISO9001质量管理体系对于质量管理改进的要求，强调企业必须依据质量管理方针、质量管理目标，运用质量管理体系审核结果、资料分析、矫正与预防、管理评审等措施，持续自我发现问题与改善质量管理体系，确保其有效性，以提升企业的质量管理绩效与竞争力。以上措施不是直接产生价值的产品实现流程，而是确保质量管理体系持续改进、提升效率的流程。知识产权管理体系的建立也与之相似，可采取PDCA模式改进企业内部的知识产权管理体系。因此，参考ISO9001质量管理体系对持续改进的规范性要求，知识产权管理体系的改进也可以依据知识产权管理方针、管理目标，通过实施知识产权工作审核、相关资料分析、改正与预防、管理绩效评审等措施，得到持续的自我改进，不断提高其有效性。

（5）OHSMS的核心是对风险因素的辨识、评价和控制。对于国家相关法规、企业和社会公众普遍不能接受的不可容许风险，此体系可以帮助制定目标和管理方案，使之转化为可接受的可容许风险。对于现已处在可容许风险水平以下的所有活动风险，此体系可以实施有效控制措施，使其始终处在可容许风险水平，并努力防止其变为不可容许风险。OHSMS强调以预防为主，即预防事故的发生。因此，企业必须预先识别潜在的风险并对紧急情况进行风险分析，然后通过目标、方案、运行控制及应急程序，控制不可容许风险的发生。知识产权管理的风险防范也与之类似，企业在生产经营活动中，一方面要确保自己研究开发的技术、产品不侵害他人的知识产权，另一方面要保护自主知识产权不被侵犯。因此，企业知识产权管理标准的建立和贯彻，要明确可能遇到的知识产权风险种类和表现形式，并形成识别机制，对可能产生的知识产权风险进行控制，实施科学和系统的管理，从各个环节排除知识产权风险发生的可能性，提高知识产权管理效能。

同时，OHSMS强调执行主体必须严格遵守法律法规，将遵守法规的要求贯穿在职业健康安全管理体系的始终。该标准在管理方针中要求执行主体遵守法律法规和其他规定，表明对遵守法规的态度；要求执行主体应当能够识别、获取相应的法律法规，了解法律法规的要求；对法律法规遵守情况进行监督检查。知识产权本身是法律保护下的智力成果权，企业实施知识产权管理标准化必须以遵守国家知识产权法律法规、遵守知识产权国际规则为前提。因此，企业知识产权管理体系的建立和贯彻应当遵守国家知识产权法律法规和政策，遵守和执行我国参加的知识产权国际公约。

5.1.3 《企业知识产权管理规范》内容

《规范》的制定框架在参照 ISO9001 质量管理体系和 OHSMS 的诸多优点后，从知识产权角度，涉及企业知识产权管理的方方面面，作为企业从 0 到 1 建设知识产权管理体系的依据。

1.《规范》的目标定位

《规范》旨在借鉴国家和国际上有关管理类标准，以地方性标准、推荐性标准的形式，探索建立一套能够有效指导和帮助企业开展知识产权管理工作的知识产权管理标准化体系，引导和帮助企业建立健全知识产权管理组织保障体系、制度规范体系、工作运行体系和管理改进机制，以促进企业进一步加强企业内部知识产权管理标准化，提高知识产权综合管理能力，优化企业内部资源配置，规避知识产权风险，增强自主创新能力和市场竞争能力，培育和造就一批知识产权管理规范健全，自主创新能力、知识产权创造和战略性运用能力、国际国内市场竞争能力强的知识产权优势企业，使知识产权工作可以更好地服务于国民经济建设、创新型国家建设。

《规范》以具有技术研究开发能力，原辅材料采购和产品制造能力，产品销售能力，技术、产品进出口能力，生产经营管理组织机构健全的企业为模板进行设计，建立了企业知识产权管理制度设置、机构设置及其职责、管理人员及其职责、原辅材料采购、产品生产制造、技术研究开发、产品市场销售、技术或产品进出口贸易、参加国际国内展览、对内对外合同管理、员工教育培训等各个环节的知识产权管理规范，为各种类型的企业开展知识产权管理标准化提供指导。企业贯彻《规范》，可结合企业自身特点，对《规范》的执行做出选择性使用。对于没有研究开发活动的企业，研究开发活动的知识产权管理规范可以不予执行，但不影响整体规范的执行。同样，对于没有进出口活动、没有产品生产制造活动的企业，产品或技术进出口环节、产品生产制造环节的知识产权管理规范可以不予执行。这样设计使得《规范》在企业的贯彻中更具有灵活性和普适性。因此企业知识产权管理标准的定位可以验证企业是否具有有效的知识产权管理能力。任何通过该标准认证的企业都具备了有效的知识产权管理能力。

2.《规范》的管理模式

《规范》对企业知识产权管理工作的模式设计从企业知识产权管理工作的特点出发，尽可能兼顾不同类型的企业对知识产权管理工作的要求和需要，便于企业执行。企业贯彻《规范》，可以将《规范》对企业知识产权管理工作的规范性要求与企业的质量管理体系或其他管理体系标准的执行有机结合起来，以减少实施知识产权标准化管理的投入，提高《规范》的执行效率。《规范》参照ISO9001质量管理体系标准、OHSMS标准，引入了计划、执行、检查与处理（PDCA）的知识产权管理模式。

- 计划（P）：制定企业知识产权管理方针、目标、制度及相关程序。
- 执行（D）：建立企业知识产权管理体系并投入实际运行。
- 检查（C）：企业根据知识产权管理的方针、目标要求，检查评价《规范》执行情况、运行和结果。
- 处理（A）：企业对《规范》的执行结果进行分析，针对存在的问题采取改进和预防措施，持续改进和完善企业的知识产权管理体系，确保管理绩效得到不断提高。

其中，计划（P）是执行（D）的基础，检查（C）是检查计划目标与执行结果的符合程度以及执行结果的有效性，处理（A）是针对检查结果，提出改进措施并执行。这四项工作循环运行，构成企业知识产权管理活动的良性循环，保证企业知识产权管理活动不断得到优化。

3.《规范》的要素以及逻辑关系

《规范》构建了企业知识产权管理工作规范化的管理体系，对企业的知识产权管理要素做出了规范。这些要素包括：知识产权管理方针、管理目标、知识产权管理机构与职责、知识产权管理人员配备、知识产权规章制度建设、资源管理、运行控制、合同管理、绩效评估、检查分析与改进以及相关文件要求等。企业知识产权管理工作涉及的每一个管理要素都不是孤立存在、独立发挥作用的，某一个知识产权管理要素出现问题，都可能影响企业的整个知识产权管理绩效。PDCA 管理模式正是基于每个管理要素之间可能产生的相互影响设计的，它构成了一个从规划、执行、检查到改进的循环管理系统，来保证及时发现和解决管理工作中存在的问题。企业知识产权管理的最终目的是优化企业的各类资源配置，获取经济社会效益的最大化。企业开展知识产权管理工作，首先要对本企业的知识产权现状和面临的形势进行分析和评价，在此基础上提出知识产权管理方针，依据该方针设定知识产权管理目标，通过知识产权管理体系的构建和运行控制来实现目标，并通过检查、分析与改进，来确保知识产权管理绩效得到提升，它们之间是相互制约、相互影响的逻辑关系。企业知识产权管理方针、管理目标脱离企业实际，或企业知识产权管理体系的管理要素缺乏管理，都难以确保知识产权管理的有效性。而企业的知识产权管理机构设置、职责划分、知识产权管理制度建设、管理人员配备、各类资源管理、管理文件要求等，则是实现企业知识产权管理 PDCA 循环的基本保障。

4.《规范》的基本架构

《规范》由范围、规范性引用文件、术语和定义、知识产权管理体系、管理职责、资源管理、基础管理、实施和运行、审核和改进共计九大部分构成。

（1）范围。该部分对《规范》的适用做出了明确规定，即《规范》仅适用于企业的知识产权管理活动。企业可以根据自身特点，对《规范》提出的企业生产经营活动各个环节的知识产权管理事项做出选择性适用。

（2）规范性引用文件。该部分对《规范》引用的其他文件做出了标注，包括 GB/T 19000—2008 质量管理体系的基础和术语，GB/T 21374—2008 知识产权文献与信息的基本词汇。

（3）术语和定义。该部分对《规范》所称的知识产权做出了界定，规定了《规范》所称的知识产权种类和范围。《规范》对企业应当实施管理的知识产权范围的界定与国家法律法规的规定保持一致，并与我国承担的知识产权保护国际义务相一致，即企业应当管理的知识产权不低于我国加入的《与贸易有关的知识产权协议》规定的知识产权保护内容。同时，该部分对知识产权管理做出了定义。企业的知识产权管理体系是企业围绕知识产权所开展的规划、组织、协调、控制的一系列活动的总称。

（4）知识产权管理体系。该部分提出了对企业知识产权管理体系构建的总体要求、知识产权管理的文件要求、知识产权手册的要求、外来文件与记录文件的要求等。

（5）管理职责。该部分提出了企业最高管理者在体系中的重要作用和职责，包括负责构建企业的知识产权方针，而且知识产权管理方针应当适合本企业特点，与企业的发展总方针相适应，并能指导企业知识产权目标的制定、考核以及法律法规的获取、更新、传达，提供管理体系构建和运行的必要资源，并定期开展管理评审来评价管理体系的运行。

（6）资源管理。该部分对企业的人力资源、组织资源、信息资源与财务资源等的管理提出了规范性要求，是确保企业知识产权管理活动有效开展的资源保障，服务于企业的各项知识产权管理活动。

（7）基础管理。该部分对企业知识产权管理活动的基础管理、过程管理提出了规范性要求。其中，基础管理提出了对企业知识产权权利创造和取得、权利管理、权利运用、权利保护以及对外贸易与合作等事项的规范性要求；合同管理还提出了总体规范性要求，同时对企业内部合同管理与对外合同管理中的知识产权事项、企业保密等方面提出了规范性要求。

（8）实施和运行。该部分对企业过程管理提出要求，尤其是对企业的技术、产品研究与开发、原辅材料采购、产品生产、市场销售等过程的知识产权管理事项提出了规范性要求。

（9）审核和改进。该部分对企业执行《规范》的检查、分析和改进提出了规范性要求。企业应当对《规范》的执行情况建立定期检查制度，对企业知识产权管理活动各个环节的运行情况进行检查，并对检查结果做出分析，找出存在的问题，针对存在的问题提出相应的改进措施，不断改进知识产权管理体系，确保有效运行。

《规范》创建了一套指导和规范企业构建、实施、保持和改进知识产权管理工作的规范化知识产权管理体系，以规划、执行、检查、处理循环的动态管理模式，为企业知识产权管理提供了方法和程序规范，使影响知识产权活动的主要因素都处于受控状态，可帮助和指导企业提高知识产权管理水平，实现企业资源优化配置、提高管理效益。

《规范》的编制注重实用性和可操作性，体现了以下特点。

一是具有适度的前瞻性。《规范》的制定参照了国际先进管理类标准，并结合企业知识产权管理工作的现状，导入了 PDCA 管理模式，对企业生产经营活动各环节的知识产权管理工作进行了全面规范，既可供企业结合自身实际选择运用，又为企业实施知识产权战略管理提供了依据和指导，为企业知识产权综合管理能力的提高和实施知识产权战略管理奠定了基础。二是具有较好的通用性。《规范》对企业生产经营活动各个环节的知识产权管理工作做出了规范。无论是研发型企业、生产研发型企业，还是生产加工型企业、商业贸易型企业都可依据《规范》的相关要求，做出选择性运用，对其相应的知识产权管理活动提供指导。三是具有较好的灵活性。在《规范》的执行过程中，企业可按照《规范》的基本要求，结合自身规模和特点，对知识产权工作方针与目标确立、管理体系建设、资源管理利用、知识产权活动控制以及检查改进等知识产权管理活动，在达到《规范》基本要求的前提下，实施管理创新并实现规范贯彻途径和方式的多元化。

企业知识产权管理是由专门的管理人员，利用法律、经济、技术等方式方法，对企业生产经营活动涉及的知识产权事项进行规划、组织、协调和控制的活动。企业知识产权管理的根本目的是通过科学管理企业的知识产权工作，充分发挥知识产权制度在企业发展中的重要作用，促进自主创新，提高市场竞争力。ISO9001 质量管理体系是规范一个相对稳定和程式化的生产过程，并在各个关键环节上实施有效的控制，强调通过利用资源和管理，对输入转化为输出活动的过程进行控制。OHSMS 的基本理念则是强调以预防为主，实行风险控制。借鉴 ISO9001 质量管理体系的过程管理，OHSMS 的风险控制，可以针对知识产权在企业经营不同阶段的体现，从内部管理活动与经营业务活动两方面设计控制要素，识别企业知识产权风险种类和表现形式，进行知识产权风险管理目标和策略的规划，设置固化的管理流程，构建企业知识产权管理活动的规范体系。

5.2　从单一到联动的知识产权管理

面对当前激烈的国际和国内的市场竞争，我国大多数企业的知识产权综合管理能力与发达国家的大型跨国公司相比，仍然有很大差距，突出表现在以下四个方面。

一是企业对知识产权的内涵理解不全面、管理不到位。许多企业把知识产权管理简单理解为专利、商标管理。知识产权管理工作仅限于申请和维护专利、注册商标、品牌宣传等简单的日常管理工作，没有将知识产权管理工作与企业的经营发展战略有机结合，也没有将知识产权管理工作融入企业生产经营活动的全过程，使知识产权管理工作服务于企业的整体发展战略。因此，这些企业在日常工作中忽视了对企业原辅材料采购、技术研究与开发、生产过程、市场营销、技术进出口贸易、员工知识产权教育培训等重要环节的知识产权管理。很多企业只注重对有形资产的管理，不重视对知识产权这种无形资产的管理，忽视知识产权的市场运营和价值化管理。大量的企业没有知识产权会计核算和管理科目，知识产权的价值没有进入企业的会计核算体系，往往导致了企业的无形资产流失。

二是企业知识产权意识薄弱、人才匮乏。目前，我国仅有为数不多的企业将知识产权管理作为企业管理的重要方面，设立了相应的知识产权管理部门，配备了专门的知识产权管理人员。绝大多数企业仍没开展有效的知识产权管理，知识产权管理工作仍然处于"一无机构、二无人员、三无制度、四无经费"的处境，反映出企业的知识产权意识仍比较薄弱。另外，企业的知识产权管理人才普遍缺乏，在企业中从事知识产权管理工作的人员，仍然存在知识产权专业知识缺乏、业务素质较低的突出问题，尤其缺乏具有专业技术背景、熟悉知识产权法律法规和实务知识、精通外语的高素质复合型人才，导致企业的知识产权管理工作难以有效开展。企业知识产权意识薄弱、知识产权专业人才缺乏，已经成为制约企业开展知识产权管理工作的"瓶颈"。

三是企业知识产权产出主要依赖于研究开发部门，在研究开发能力较弱的企业中，知识产权的获取能力普遍不强。当前，我国部分企业的创新能力不够强，知识产权管理能力比较弱，企业的知识产权产出仍普遍较少。尽管我国知识产权制度自建立以来经过了30多年的不断发展和完善，但是企业知识产权获取的来源仍较为单一和基础，缺少多部门协作配合的知识产权化的形成渠道。

四是企业知识产权运用能力不强、市场化营运能力较弱。当前，我国大多数企业研究开发能力较弱，有些企业甚至没有研究开发活动。即使具有一定研究开发能力的企业也存在研究开发流程设置不合理、研究开发管理不到位，对如何利用知识产权制度实施研究开发和创新缺乏了解，对如何通过有效的知识产权管理和专利信息的利用来促进研究开发活动的有效开展缺乏经验，以上问题往往造成研发资源投入的浪费。研究开发成果产出后，企业对研究成果如何实施有效的知识产权保护缺乏足够的认识，往往导致研究开发成果的知识产权权利丧失，或造成企业的无形资产流失。同时，很多企业在自己的知识产权遭到侵犯或被他人控告侵犯其知识产权时，还不知道如何正确维权。尤其是遇到涉外知识产权侵权纠纷时，面对外国跨国公司的侵权指控，有些企业往往处于被动应对状态，不知道如何正确维护自身的合法权益。此外，大量的企业对知识产权的财产权特性认识不足，对知识产权资产的管理缺失，能将知识产权作为战略性资源加以运用的企业很少，大量企业对知识产权上市融资、质押贷款、对外投资、许可证贸易等市场化业务了解较少，缺乏将知识产权资源优势转化为市场优势、竞争优势和财产优势的能力。企业拥有的自主知识产权对企业发展的贡献没能得到充分释放。

上述四个方面，归根结底是企业在知识产权管理层面上将知识产权工作交给单一部门，缺少部门与部门之间的联动，无法贯穿到企业管理的各个环节，从而造成过于基础的管理、单一的功效，无法提升企业的知识产权竞争能力。

5.2.1 《规范》要求知识产权管理涉及的部门

知识产权贯标覆盖企业的研究开发、采购、生产、销售及售后、文件管理、资源管理、知识产权基础管理等活动板块，并不是某一个部门的单一任务，需要领导重视、全员参与。企业最高管理者（如董事长、总裁、总经理），管理者代表（如分管副总），知识产权部门、研究开发部门、采购部门、生产部门、销售及售后部门、人力资源部门、财务部门等各部门的人员都应积极参与，并承担各自不同的职责。下面简单介绍其中6个相关部门的职责。

（1）研究开发部门。研究开发部门的主要职责是了解和确定标杆竞争对手的技术发展趋势以及专利布局策略；确定关键技术的主要潜在合作者和竞争对手的专利状况；确定创新方向和焦点，并对可能取得的创新成果的保护策略进行规划。

（2）销售及售后部门。销售及售后部门的主要职责是了解当地的知识产相关政策法规；知识产权（专利、商标等）应在产品销售之前，提前进行布局规划；新产品上市之前应进行全面的知识产权审查；参展时，确保展品及宣传资料不侵犯他人的知识产权；监控销售市场，发现疑似侵权或被侵权活动时，及时跟踪并收集证据。

（3）采购部门。采购部门的主要职责是采购涉及知识产权的产品时，识别知识产权风险，对供应商的知识产权情况进行调查；负责采购合同中知识产权条款的落实，做好采购信息的管理和保密工作。

（4）人力资源部门。人力资源部门的主要职责是在劳动合同中明确知识产权权属、保密等条款，明确发明人享有的权利及负有的义务；负责新入职员工的知识产权背景调查及员工离职时的知识产权事项提醒。

（5）投资发展部。投资发展部的主要职责是企业进行投资活动时，开展关于知识产权的尽职调查；评估投资对象的知识产权价值，在合同中对知识产权进行相关约定；投资完成后，开展对知识产权的管理工作。

（6）生产部门。生产部门的主要职责是评估生产过程中涉及的创新内容，及时提出知识产权保护请求；委托加工、来料加工等生产合同中明确知识产权权属、许可范围、侵权责任承担，必要时让供应方提供知识产权证明。

5.2.2　将知识产权管理贯穿到各部门的日常业务

1. 与人力资源日常业务相结合

任何企业都需要进行人力资源的管理，包括人员的入职、离职、培训、晋升等，对此，通过贯彻《规范》，企业应将知识产权的管理与人力资源管理的日常业务结合。

（1）在意识、能力和培训方面，企业应确保做到以下几点。

第一，对于从事知识产权管理的专职、兼职人员的能力要求，企业应有明确的规定。企业应从教育、培训、技能和经历方面判断其能力是否符合要求。必要时可寻求外部专业机构支持，确保从事知识产权相关工作的人员满足管理体系要求。

第二，对人员应有合理的能力匹配，应使其能力与岗位职责要求相适应。

第三，对人员能力的判断应从其接受教育的程度、培训效果、技能水平、个人职务和岗位经历等方面综合考虑，选拔能胜任本职工作的人员从事管理和作业活动。

第四，识别和确定与知识产权工作相关的人员所必需具备的能力。

第五，通过培训等方式确保员工（包括领导）具有一定的知识产权意识，鼓励员工为实现知识产权管理目标做出贡献。

第六，提供培训机会或职业教育，使有关人员具备相应的知识、技能和经验。

第七，通过理论考试、技能考核、业绩评定，评价经过培训的人员所具备的能力，并确定培训的有效性。

（2）在人员激励方面，企业应考虑以下几点。

- 建立激励机制，制定知识产权奖励的制度，鼓励员工的创造积极性，激励员工发明创造，对员工创造的知识产权给予相应的物质奖励和精神奖励。
- 精神奖励办法一般包括设立创新成果奖、技术改造奖、技术发明奖、合理化建议奖、知识产权优秀管理奖、知识产权先进工作者等。
- 物质奖励标准不低于国家相关法律规定的标准。

2. 与研究开发部门的日常业务相结合

（1）企业在立项阶段应开展以下工作。

第一，技术部负责制订企业的研究开发活动计划。研究开发策划阶段的知识产权管理由知识产权部与技术部配合实施。

第二，项目立项前技术部要进行知识产权的检索调查，编制立项报告（如开题报告、项目申报书、项目申请书），避免资源浪费。

第三，立项报告内容应包括对项目领域的科技文献、专利文献的检索和对该技术领域的现有技术发展状况、知识产权状况和竞争对手状况的分析。

第四，随着设计和开发的进展，必要时更新研究开发计划。

（2）企业在研究开发阶段应开展以下工作。

第一，技术部对研究与开发活动中形成的档案和记录进行管理，以使研发活动具有可追溯性，并准确界定研发创新成果的知识产权权利归属。

第二，建立研发活动的知识产权跟踪检索与监督制度，及时调整研发策略和内容避免资源浪费与规避侵权风险。

第三，研究与开发活动中的知识产权管理由知识产权部与技术部配合实施。相关文件包括开发创新活动的相关记录、专有技术登记表、研发创新活动技术文件。

第四，研发成果产出后技术部进行最终文献检索，并由知识产权管理部门组织评估、确认，形成知识产权评估报告。

第五，评估报告应明确取得知识产权的可能性、知识产权类型及保护建议，报公司领导审批，采取相应的保护措施。

第六，建立研发成果信息发布审批制度，研发成果信息按规定的程序审批后对外公布。

第七，研究与开发评估活动的知识产权管理由知识产权部与技术部配合实施。

3. 与采购部门的日常业务相结合

- 企业对原材料、设备等采购活动加强知识产权管理。
- 对涉及知识产权标记的产品由技术部识别供应方的相关知识产权信息并由采购部负责向供应方收集，必要时要求供应方提供权属证明，并按规定进行知识产权的标识。
- 加强对供应方信息、供货渠道、进价策略等信息资料的保密工作，防止商业秘密泄露。
- 对采购产品的知识产权进行监管，采购合同中要明确知识产权条款，明确双方知识产权的权利和义务。
- 采购活动的知识产权管理由知识产权部与采购部门配合实施。

4. 与生产部门的日常业务相结合

生产过程的知识产权应进行有效管理，对涉及知识产权的内容提交知识产权管理部门组织评估，采取保护措施。管理内容包括生产过程中形成的产品与工艺方法等技术改进与创新、合理化建议、阶段性发明创造等成果。

委托加工、来料加工、贴牌生产等对外协作生产的过程中，在加工、生产合同中应设立知识产权条款，明确双方知识产权的权利和义务，界定权属、保密责任、加工标的、发生侵权时对方应承担的责任等。

生产过程中形成的不宜对外公开的文件记录,应按知识产权保密的规定采取相应的保密措施。

5. 与销售部门的日常业务相结合

产品销售前,知识产权部对市场同类产品知识产权状况进行调查分析(专利分布商标注册情况),对企业产品的知识产权建立保护机制,也防止销售过程中侵犯他人知识产权的产品。企业可以在产品上柜前对供货商及知识产权标记进行登记管理。

产品投入市场后,建立产品销售市场监控机制。通过市场销售网络和营销队伍,监控同类产品的市场投放情况。通过产品信息发布会、展览会、各类媒体广告、网络等多种途径收集同类产品信息。

一旦发现同类产品涉嫌侵犯企业知识产权,应进行重点信息收集,掌握对方侵权证据,积极采取维权措施,确保侵权行为能得到及时有效的制止和处理。

知识产权管理部门应建立侵权记录,整理侵权材料,并形成档案。

销售活动的知识产权管理由市场部与知识产权部配合实施。

5.3 从模板到裁剪的知识产权管理

对于研究开发型企业,通过贯标,先模板化地引入立项、研究开发等过程的管理要求,尤其是对立项前的检索分析、研发过程的检索分析等,从而在研究开发项目中充分利用专利信息情报,以提升研发效能。

以一个产品生命周期为例,其知识产权的管理会贯穿多个部门和多个环节。一个产品在面世前,从设计到生产制造,从市场推广到销售,至少经过 4 个环节。随着社会分工的专业化与精细化,完全凭借一家企业完成产品生产的所有环节已经几乎不可能。如果任意一个环节出现问题,都有可能会影响整体环节。尤其是在知识产权领域中,若企业未做好法律风险分析和知识产权保护工作,都可能发生侵权行为。因此,从事产品研发、生产和销售的企业,可以通过产品生命周期的知识产权管理作为企业知识产权管理体系的重要内容,加以细化和裁剪,形成匹配企业自身的知识产权管理体系。下面简单介绍从产品生命周期角度对知识产权管理的细化和重点条款的把握。

5.3.1 立项、研究开发阶段

在立项、研究开发阶段有两种共同的风险，即侵权风险、重复研究开发风险。在大多数企业中，立项、研究开发两个过程均由研究开发部门人员进行专业管控，那么针对这两个过程中的侵权风险、重复研究开发风险，同样由研究开发人员进行专业应对，采取的措施就是做有针对性的检索、分析，但是企业在立项、研究开发阶段进行分析的侧重点则有所不同。

在立项阶段，也就是新产品设计之前，企业应先进行专利检索，此时专利检索的范围就需要侧重于本领域的领军企业和直接竞争对手，因为一般领军企业和直接竞争对手掌握着本领域的关键技术。专利检索一方面可以缩短企业立项的时间，快速把握新产品涉及的关键技术，另一方面，针对侵权风险的权利主张主体往往是有实力的企业或者是商业利益受到冲击的对手，在我国无商业利益关系人的专利维权情况是比较少的。

立项阶段进行的专利分析侧重比较宏观，企业可以先观察法律状态，再分析侵权的可能性，进而发现一些潜在的竞争对手，针对科技文献的学习，可以更有利于企业掌握关键技术，了解公知与公用技术，从而推测技术的发展趋势，帮助我们进行宏观的专利布局。

在研发阶段，专利分析则更侧重微观技术研究，企业应针对现有技术或者公知与公用技术进行吸收再创新，同时根据对公开技术的跟踪监控，合理调整研发策略和内容，最终对技术成果进行知识产权评估，制定知识产权战略规划，确定知识产权保护方式，针对现有技术方案进行合理的规避设计。

针对项目的研究开发，企业可以根据自身的条件进行内部研究开发，同时也可以采取委托外部企业或者合作开发的形式进行，如果采取第二种方式，那么也会存在合作风险。

针对合作风险，企业从自身角度能够采取的应对措施并不多，最重要的是要签订书面形式的合作合同，合同中需要约定的内容也应该尽可能全面，例如产生的知识产权的权属问题、许可使用的方式和使用的范围、知识产权应用后产生的利益合理分配问题、对于该合作项目结束后进行的二次开发及知识产权问题。如果研究机构只是将形成的专利等知识产权成果普通许可给企业使用，此时就存在研究机构将知识产权成果重复许可给第三方使用的风险，或者合作的成果为多个权利人共有，且各个权利人均有实施能力，各个权利人之间就不可避免地存在竞争关系，甚至可能演变成恶性竞争。

另外，对于委托开发，企业还应在合同中约定对受委托方所提供的技术方案不能存在侵犯第三方知识产权的情况。甚至，有些项目中还可以约定项目中所购买的试验、检测设备等固定资产的归属。

当然，对于所有的合作，企业都应当约定有保密内容，比如，项目参与人员的涉密范畴、项目和技术信息的涉密等级界定、双方的保密义务、泄密后的权责约定等内容。

5.3.2 采购阶段

采购活动对于各企业来说都是必不可少的，在供应链上，企业可以作为下游企业向上游供应商采购原材料，同时也可以作为上游企业向下游企业供应本企业产品，也可以将作为上游企业的活动归于销售行为。

在下游企业向上游企业采购原材料的活动中，企业可以通过自身的风险防控来降低侵权风险，那么具体的应对措施可以分为以下3个步骤。

第一步，在采购之前针对供应商进行资质审核，很多企业在做质量、环境、职业健康安全管理体系的时候已经建立了相应的供应商调查机制，那么只需要在做调查的过程中加入知识产权方面的调查内容就行了，具体可以调查上游企业的知识产权日常管理、所采购产品上所涉及的知识产权是否自有或经过正规许可使用等，必要的时候可以要求上游企业提供相应的证明材料、保证金等。经过资质审核，企业可以将供应商的知识产权风险在采购活动的源头规避掉。

第二步，签订采购合同，处理约定质量、价格、交期等通用合同条款时，企业需要针对涉及知识产权的产品加上相应的知识产权条款，主要会涉及以下3类问题。

一是知识产权权属。企业应把知识产权权属问题进行细分，如果供应商提供的产品涉及知识产权，那么需要在合同中说明知识产权的权属清晰、有合适的许可授权，也就是所采购的商品不存在知识产权瑕疵。另外，针对所采购产品的二次创新产生的知识产权，企业也应约定新的知识产权权属，以避免由于前期约定不清楚而导致纠纷。

二是许可使用范围。针对供应商为客户提供的产品以及相关过程，供应商和客户之间的相互许可都不会有问题，问题主要会出在供货合同以外的地方。如果供应商A只是因为一次供货合同，就在合同中同意把自己所有的知识产权免费许可给客户未来所有的产品，那客户与其他供应商合作时，即使竞争对手使用了供应商A的专利，供应商A也只能眼睁睁地看着竞争对手赚钱而毫无办法。

三是专利侵权赔偿。越来越多的客户希望供应商替自己解决专利侵权问题，因此会在供货合同中设置侵权赔偿条款。作为下游企业，侵权条款的约定除了要约定供应商积极配合解决侵权诉讼、承担赔偿金额，最好约定供应商解决纠纷的时机，以督促上游企业积极应对相应的侵权风险。

第三步，保留采购活动中的凭证，如收货单、采购合同、支付凭证、发票等，以应对采购活动中的非故意侵权。有了凭证，企业可以采用合法来源进行抗辩。

越来越多的下游企业在采购活动中对供应商提出了侵权风险转移的要求，那么企业作为上游供应商在向下游企业供应产品时就需要从产品的开发源头来考虑侵权风险的规避了。

首先，企业应该在研发过程中就注意留存技术开发过程的研究开发记录，如设计图纸、试验数据、试验照片、检测数据等。

其次，企业应该针对产品进行全方位的知识产权布局，不仅仅包括专利技术布局，同时应包括产品或者包装上所使用的商标、地理标识、软件产品的软件著作权等。

再次，针对下游企业在采购合同中要求的知识产权条款内容，企业也应该根据业务情况，有针对性地对知识产权权属、侵权责任赔偿进行约定。

涉及知识产权权属问题的知识产权可以分为两类，一类是企业给下游客户供货相关操作过程中产生的知识产权，另一类是在该供货过程以外，同一时间产生的知识产权。对于第2类，通常是产生的知识产权归产生者。对于第1类，知识产权的权属可能会有多种约定，全部归客户显然对客户最有利，全部归供应商显然对供应商最有利。作为供应商，要注意的是，会不会把本来可以归自己的知识产权"大方地送给了客户"，导致自己以后无法为其他客户提供类似产品。

最后，在签订相关合同时，企业应对相关的知识产权担保责任进行限制性约定，例如，针对知识产权侵权责任归属，必须明确指向特定产品，若有知识产权侵权纠纷，企业可以承担相应举证责任，但是应当将责任限制在提供技术支持上，如果由此产生了侵权赔偿，那么可以对赔偿额度进行限制，一般限制于从该交易中所获取的利益或者利益百分比，并且针对下游企业的损失来说，只能赔偿该交易产生的直接损失，而对于间接损失或者与其相关的商业利益损失，则不包括在内。那么对于企业来说，此类约定必然带来更多的责任内容，那么为了补偿此类责任的压力，可以通过提高交易价格来提高自身的利润比例，并且可以考虑引入中间代理商或者通过相关的销售公司来进行间接交易，从而降低交易中的风险。

5.3.3 生产阶段

在企业生产过程中，一般有自主生产和协同生产两种情形，每种情形所考虑的知识产权风险点是不一样的。

在自主生产过程中，很多企业认为在生产过程中不会有知识产权风险存在，但是企业在生产过程中对所开发和研究出来的新产品、新工艺等需要进行及时保护，并且应该在企业生产记录中做详细的说明和记录。这样一方面可以避免研究成果被窃取，另一方面可以充分保护企业的知识产权不受侵犯。

但是对新技术、新产品的使用，尤其是企业独家定制的原料和设备等事宜，由于处于试制或小规模生产阶段，企业一般都未明确供应方的保密和知识产权保护责任。值得一提的是，大量中小企业在配套加工中，根据主机厂商的要求自主开发出来的新样品在试制时由于面临强大的市场竞争压力，所以难以对主机厂商提出知识产权保护要求，导致企业知识产权不能得到有效的保护。

在协同生产过程中，企业需要防范侵权风险，企业的角色主要是委托生产、贴牌生产、来料加工过程中的被委托方，此时需要在加工前明确产品和零部件的知识产权权属状况、贴牌生产时对商标等标识的许可使用范围、来料加工过程中对原料所涉及的知识产权状况等，同时要在协作生产合同中对涉及的知识产权权利和义务做出明确的界定。

5.3.4 市场推广阶段

新产品上市前的市场推广阶段存在的风险不可小觑，该过程中的风险主要包括在营销活动中产生的泄密风险和侵权风险。

产品售前的广告说明、销售策略和市场推介方式都是需要进行知识产权保护的重点，这些都是企业推出新产品的撒手锏，此时，可以重点针对除研究开发技术外的知识产权保护，例如针对新产品的外观、包装等申请著作权、外观专利、注册商标等。销售策略可以作为商业秘密进行保护，这样才能在占领市场时出奇制胜。

对于涉外贸易，产品在进入到国外市场前，应收集输出国或地区的知识产权法律法规、相关边界保护措施等，以在需要的时候可以采取边境保护措施。另外，企业还需要进一步了解输出国或地区的知识产权情况，对侵权风险进行分析评估，进行境外知识产权布局。

产品营销方案中使用的图片、文字、转发的文章或者使用的功能性商标（如地理标志、证明商标）等，如果不进行事前必要的审慎调查，往往会导致企业陷入知识产权的侵权风险。那么针对此类问题，可以采取的应对措施则是针对性的知识产权调查，并且在信息发布之前进行必要的审批。

另外，在政府项目申报材料中，企业往往能够重视技术信息的保密，但是针对大量的商业信息，材料编写人员则警惕性较弱，此类信息的披露往往也需要通过审批流程来规避秘密信息泄露的风险。

5.3.5 销售和售后阶段

虽然前期在研究开发阶段、生产阶段甚至市场推广阶段都进行了侵权风险的分析及防控，但是仍然不能保证产品在进入市场之后百分之百安全，侵权风险仍然存在。

此时，企业可以采取的应对措施就是针对产品在市场上的表现进行定期监控，关注市场环境的变化以及产品侵权情况。

但是针对该阶段的侵权风险可以采取的应对措施实施起来比较困难,由于市场人员缺乏相应的技术能力,此时就需要协同研发人员共同应对。

产品的整个生命周期中存在的知识产权风险是多方面的,需要企业在宏观战略上制定对应的风险防范方案和应对措施,并且充分考虑成本与收益,通过制定和执行各类知识产权风险管控奖惩制度引导、鼓励广大员工做好知识产权风险管控工作,并且根据员工反馈进一步优化完善相关制度。只有这样才能保证企业知识产权风险管理的有效性,避免漏洞,最大限度地降低风险。

5.4 从封闭到开放的知识产权管理

企业寻求外部认证可以进一步实现知识产权管理从封闭到开放的管理模式,例如某企业在外部审核中,通过标准对标和外部审核经验的导入,发现企业的销售环节是知识产权风险高发的环节,因此通过查看对所有销售产品的知识产权检索报告和市场风险分析报告,发现相关部门在产品销售过程中通过不同渠道进行了大量广告宣传,包括官网、微信公众号、微博等,这些自媒体性质的宣传渠道虽然具有较低的宣传成本并且宣传的灵活性和时效性较强,但是由于信息是通过网络方式进行宣传的,一旦发生侵权行为,很容易被他人发现且容易被他人保留侵权证据,进而引发更大的知识产权侵权风险。

通过进一步排查,企业发现其微信公众号上有多篇宣传介绍公司产品的文章直接使用了某些影视剧的截图和某些明星的肖像剧照。经过进一步了解,有关调查人员发现企业尚未与该影视剧制作方和明星达成许可使用协议,也未有相关的授权,且该文章为了达到艺术效果,使用了较多非常规字体。经过查阅发现,这些字体均被字体制作方宣称拥有独家版权。通过进一步检索,相关调查人员发现该字体制作方曾就字体侵权起诉过多家企业。

基于体系外部审核的发现,企业紧急撤下上述文章,并对所有文章上的图片、文字进行全面风险排查,过程中发现了多篇文章存在擅自使用照片和字体的情况。基于此,企业建立了对外信息发布风险管理控制程序,对通过自媒体、官网、宣传手册、展会、论文等对外信息发布渠道进行控制,对有关信息进行统一的知识产权风险审批，只有通过审批，方可对外进行发布，从而对这一易发、高发的风险点进行了有效管控。

◈ 小结 ◈

本章就贯彻《企业知识产权管理规范》国家标准进行介绍。《企业知识产权管理规范》国家标准是根据企业在研究开发、生产、销售、采购、人力资源、财务中涉及的知识产权管理的部门进行归纳总结，并通过体系的方式在企业内部落地管理。企业通过贯彻《企业知识产权管理规范》国家标准，可以从无到有建立模板化的知识产权管理体系，实现多部门的协同联动。企业可以根据自身的需求参考合适的内容管理工作，并在寻求外部认证的过程中实现知识产权管理的外部交流。

第 6 章
不同阶段的企业知识产权管理

开篇案例 企业知识产权工作管理阶段与策略

数据显示，2020年上半年，我国发明专利申请数量68.3万件；共授权发明专利21.7万件，共受理PCT国际专利申请2.95万件，同比增长22.6%。其中，国内发明专利授权17.6万件。在国内发明专利授权中，职务发明为16.9万件，占96.0%；非职务发明0.7万件，占4.0%。上半年，境内（不含港澳台）发明专利授权量排名前三的企业依次为：华为技术有限公司（2 772件）、OPPO广东移动通信有限公司（1 925件）、京东方科技集团股份有限公司（1 432件）。尤其是华为技术有限公司，从名不见经传的民营企业成长为年营业额350亿美元的电信巨头。华为以其迅捷的发展速度、巨大的发展空间成为中国电信行业的一面旗帜，甚至成为中国企业核心竞争力的代名词，其行之有效的知识产权工作对于"开放式创新"的成功和公司国际化无疑发挥了重要作用。通过积极的全球专利布局和运营，标准与知识产权的有效结合，华为公司在全球电信行业的激烈竞争和专利混战中立于不败之地，这是知识产权工作管理的一种方法。

朗科与万燕，一个是优盘之父，一个是世界第一台VCD的制造者，前者在创业板风光上市，后者在制造了世界第一台VCD之后不久就被爱多、步步高和新科等后来者及广东的家庭作坊排挤到了无路可走、被人遗忘的边缘；前者开拓了中国企业向国际巨头收取专利费的先河，后者在黯然退场之后被尊崇为"行业先驱"，引起一个叫"万燕悖论"的理论讨论。它们的故事都无法绕开一个东西：专利。

1999年，朗科公司成立，在世界上率先成功研制出了新一代移动存储器——闪存盘（俗称"优盘"）。同年，朗科就该存储技术向中国和美国等国家申请专利。2002年，朗科走上正轨，创下了2.5亿元的销售奇迹。与此同时，市场上出现了许多同类产品，仅国内市场的同类竞争品牌就多达200余个，朗科前景一度不容乐观。2002年9月开始，在尚未取得专利授权的情况下，朗科发动了关于华旗侵犯其专利权的诉讼，并在此后对美国多家公司发动侵犯专利权诉讼。SanDisk、金士顿、PNY、索尼等国际巨头都展开了和朗科的合作，而宏碁则退出了移动存储领域。朗科公司通过主动的专利布局和诉讼反击，有效遏制了新进入者，狙击了强有力的竞争对手，成就了一番知识产权应用的佳话。

这个传说的后续版本是：2000年，华旗（爱国者前身）以跟随者身份进入闪存领域，同时针对数字闪存技术申请大量专利。2002年，华旗遭遇"闪存盘教主"——朗科公司的专利诉讼。2003年，因与索尼、金士顿等国际大公司同为被告，名不见经传的华旗公司声名鹊起，品牌影响力提升，市场销售额增加。2006年，华旗与原告朗科公司达成和解协议，共赢局面形成。爱国者也因后起之秀的名义诠释了被告不可怕，被查抄也不可怕，目标和策略的合理运用会使得不管是首创者还是跟进者都有机会变得很可怕。

美国辉瑞公司拥有药品西地那非（俗称：伟哥）的专利权，同时拥有"Viagra"商标和"万艾可"商标，通过专利和商标的有效组合运用，让其生产的蓝色小药丸以无可替代的独占优势牢牢控制着市场和利润。而广州的威尔曼公司则另辟蹊径，在中国较早注册"伟哥"商标，以"伟哥"商标强有力的宣传优势，等待着辉瑞公司的专利权在2014年到期后，迅速占领该市场。这个道理很简单：你有优势专利，我有知名商标，你可以手握诉讼大棒，我可以悄然等待。兵者，诡道也，商业战场上，没有"阴险"的概念。

知识产权的故事还有很多，中兴通讯、正泰公司、生益科技、九阳电器这些不同行业、不同规模的公司都以或者正在用不同的手段和方式"玩转"知识产权。这些故事也向我们阐释着一个道理：知识产权的"玩法"不是唯一的，而是多种多样的，并且条条大路通罗马，怎么选择，如何实施需要企业加以甄别和分析。

从内在需求上讲，企业作为创新主体，在成长的过程中，在不同的发展阶段，对知识产权有着不同的需求，这些不同需求使得企业的知识产权目标不尽相同。华为知识产权部部长丁建新认为，是目标设定和投资力度这两个要素最终决定了一个企业的知识产权工作的方向和水平。

因此，企业如何识别自身的知识产权需求，如何确定知识产权工作的目标，如何构建知识产权管理体系，这些问题对知识产权管理的实施非常重要。

6.1 初创阶段企业知识产权管理

受国内市场环境以及企业自身在产业链中的位置等综合因素的影响，初创阶段企业的知识产权工作尚未真正做到知识产权保护和运营，更多的是作为科技项目申报、高新技术企业认定等工作的辅助形式出现。这个时候企业的知识产权工作实际处于萌芽状态，虽然企业也经历了很多次相关培训，但企业内部从业人员对知识产权的相关概念基本不懂、研究开发人员也不懂专利的应用以及如何申请专利，公司高层也不明白知识产权能够给公司创新带来什么样的价值。

这一时期的企业知识产权业务主要隶属于项目申报或科技管理部门，知识产权从业人员以科技项目申报专员兼职为主，极少数公司会有专职人员从事知识产权工作。企业内部知识产权工作主要是以申请专利为主，没有具体的管理制度、专利增长指标、知识产权预算，知识产权工作具有自由性和随意性的特点。

以获取荣誉、资质、奖励、费用减免等作为知识产权工作核心目的的企业，其内部知识产权工作的重点在于知识产权的获得，即获得专利授权、注册商标、著作权登记等，并运用这些成果满足相关的申报要求。

企业要满足获取荣誉、资质、奖励、费用减免等对知识产权工作的需求，需要最高负责人指定管理者代表来推进，在知识产权工作上，设置专职的人员、公布奖励制度，把握知识产权获得的各个环节，保证知识产权成果的顺利获得。

基于获取荣誉、资质、奖励、费用减免等需求，企业的专利更多作为科技成果的体现形式之一，专利的管理是科技成果管理的一部分。

以此为核心需求的企业，其知识产权管理工作中，科技管理部门的领导负责专利费用的预算、专利申请指标的制订以及对专利人员的考核。

专利人员负责公司专利管理制度的初步制订、专利检索、专利挖掘与专利申请、专利审查过程中文件的处理、专利费用管理以及专利奖励的发放。

组织架构和人员职责确定后，专利人员主要做好资源配备、基础管理和实施运行的若干环节工作，即可有效地满足企业需求。

在资源配备方面，企业应配置至少1名专职人员全面负责公司的专利、商标、著作权事宜；配备相应的办公电脑、软件等，特别是互联网专利检索分析数据库；配备相关的知识产权申请费用、维持费用、奖励费用等财务资源。

在此核心需求条件下，公司的知识产权工作尚处于刚刚起步阶段，人员的配备是资源管理的核心，人员可以不多，但必须是知识产权工作的"明白人"，能够在有限的条件下综合利用内外部资源，将知识产权工作的成效做到最大。

在知识产权基础管理方面，企业基于获取荣誉、资质、奖励、费用减免等需求，应将知识产权工作主要集中于获取过程，以及部分的成果维护。这些工作需要梳理工作流程并借助简单的管理工具来实现。

企业应颁布相应的管理办法，来明确知识成果的归属、发明人的填写等规则，并利用精神、物质激励等提高员工参与知识产权工作的积极性。

在获取知识产权成果时，企业既要注意挖掘内部的智力成果，也要注意合理利用外部资源。例如，通过转让、购买行业有影响力的核心专利以达到充实自身知识产权实力的目的。

在进行知识产权成果维护时，企业要及时缴纳相关的费用，定期对知识产权成果进行评估，放弃无效资产。在知识产权成果维护的初期，专利、商标、著作权登记的数量还比较少，企业可以借助Excel表格来进行管理，并建立好要管理的项目，定期录入和维护。

现阶段企业知识产管理工作中，"获取荣誉、资质、奖励、费用减免的需求"在企业内部获得广泛认同，企业（特别是中小企业）在开展知识产权工作的初级阶段，大部分都是基于特别现实的目的，例如获取相关的优惠条件。另外，由于知识产权工作投入产出周期较长，如果没有短期目的的支撑，知识产权工作很可能在中期阶段缺乏增长动力。

但是，知识产权工作由于其自身的特殊性，需要较多的前期投入，需要相对较长时间的优势积累，需要企业管理者的战略眼光和思维。如果仅仅是基于现实的考虑，"获取荣誉、资质、奖励、费用减免的需求"必然影响企业知识产权工作的战略发展。

企业管理者必须明白，知识产权作为企业最核心的无形资产，其最重要的作用是通过法律赋予的独占权，能够在战略上帮助公司独占市场，打击竞争对手。因此，即便企业开展知识产权工作的最初目的不在于此，也要根据自身的不断发展和需要，调整和完善知识产权工作体系。

6.2 成长阶段企业知识产权管理

6.2.1 保护自身技术

成长阶段的企业知识产权管理以"保护自身技术"为企业知识产权管理目的，其特征为具有一定的研究开发能力，且其研究开发成果在国内具有一定的先进性。这个阶段的企业已经开始在一定程度上重视开展知识产权保护工作。企业内部已经建立了基本的知识产权制度和流程，设置了专门的知识产权部门，也有了专职的知识产权工作人员。部分企业的知识产权工作已经开始介入研发活动的一些关键环节。知识产权专业培训也能够在企业内部得到开展，专利申请活动开始由随意性向计划性和目的性转变。在知识产权预算方面，部分整体运营较好的企业已经开始做每年的知识产权预算。知识产权培训工作已经深入到工程师团队的内部，工程师已经对专利基本知识有了一定的了解。

把"保护自身技术"作为企业知识产权工作目的的企业需要强调自身工作中对于知识产权的"挖掘能力"和对专利申请质量的把控能力。相对独立的知识产权部门是该目的能够实现的关键。专利作为技术和法律的完美结合，如果没有专业能力去把控，企业是很难真正做到"保护自身技术"的。如果没有相对独立的知识产权部门去尝试制订相关的计划、工作流程，那么靠一名员工，或者让一个部门去兼职做知识产权工作，是不可能有时间、也不可能有能力做好知识产权工作的。

对于"保护自身技术"需求下的企业知识产权工作，其工作重点已经不是"获取荣誉，取得资质"。知识产权工作的目的是保护真正的创新成果，因此，知识产权工作已经开始与研究开发工作相结合，这个阶段的企业知识产权组织架构应该按照"研究开发模式"规划。

专利工作者一般在整个专利申请和授权过程中，只需要简单地做一个文件递交，不需要针对技术的可专利性进行分析，也不需要审查代理人的专利申请文件，无须针对审查员的审查意见通知书做出答复。专利工作者在其中起到的作用仅仅相当于一个文职人员，这种方式对于只想通过知识产权获得一些荣誉或者资质的企业来说已经足够了，但如果企业想通过这种方式来达到"保护自身技术"的目的，就会出现致命的问题。

问题一： 由于专利工作者并不介入专利申请前的可专利性分析，所以专利工作者无法真正判断相关技术的创造性、新颖性，而由于发明人和专利代理人所持立场不同，企业很有可能在专利申请的第一个环节就出现太多垃圾申请的问题。

问题二： 代理人的专利定稿文件的审核问题。目前国内很多代理机构的营收保障还是依靠专利申请的数量，其代理的专利申请数量越多，获取的收益就越多。很多代理机构对代理人的考核机制和奖励机制也与专利申请数量挂钩，这种情况下，代理人的工作积极性在于专利代理的数量多少而不在于专利申请的质量优劣。如果一个企业的专利工程师不去审核代理人的专利定稿文件，很有可能使得该专利申请因为权利保护范围过大而最终轻易被其他企业无效或者根本无法授权，最终因技术被公开而成为其他企业可以免费获得的技术信息。另外，企业还可能因为权利保护范围过小而被竞争对手轻易绕开。

问题三： 审查意见答复问题。由于考核机制不同、关注点不同，发明人关注的是技术本身，而代理人关注的是如何授权的问题，因此答复意见很可能会出现代理人为了获得授权而故意缩小保护范围，甚至会出现代理人因即将离职等因素而出现的不负责任的答复进而造成专利权受损，这些问题都会给企业利益造成比较大的损失。

因此，基于"保护自身技术"的企业专利工作首先必须有技术出身的专利工程师。专利工程师不一定要懂得开发，但必须要真正了解专利的判断与分析，熟悉专利申请过程中各个环节应该掌握的知识，这样才能跟企业的研究开发人员进行有效的沟通，真正了解研究开发人员的发明意图。另外，技术背景的知识产权工作者，还可以从发明人的角度去考虑项目研究开发中技术方案的实现，甚至启发发明人进而提出更多的实施方案，最终形成高质量的专利申请，这种优势可以让公司的专利挖掘变得更加简单，从而达到事半功倍的效果。

除了配备基本的专利工程师之外，企业还需要配备必要的流程管理专员，用来管理专利申请文档、专利奖金发放、年费缴纳等事务。目前大多数的基于"获取资质、荣誉"为目的的企业的知识产权岗位的设置中，由于基本都是文职人员在做，且无须考虑介入专利申请的任一环节，很多企业的知识产权从业者实际上是在兼职做此类工作，所以基本没有所谓的岗位规划。当知识产权管理工作上升到基于"保护自身技术"的需求阶段的时候，由于专利申请量的逐渐增加，企业对于专利申请的质量有了具体要求，相关激励制度需要进一步完善，对于专利过程文件和相关信息的收集就需要系统化和规范化，专职的流程管理人员就显得尤为重要。

除了专利工程师和专职流程管理人员之外，基于"保护自身技术"需求的企业知识产权人员配置中，还有一个极其重要的岗位就是专职知识产权管理者。目前绝大多数知识产权工作处于初级阶段的企业都忽略了这一岗位设置，有的企业干脆就没有独立的知识产权部门。有的企业虽然设置了单独的知识产权部门，但该部门负责人由负责公司其他事务的部门管理者兼任，且该部门管理者的知识产权工作并不是其考核中的主要任务，这样的管理配置是无法支撑"保护自身技术"这一需求的。一个专职的知识产权管理者，能够跳出知识产权具体事务，从长远发展的角度思考知识产权部门的未来，从而针对现状和未来做出相应的规划，在知识产权业务上也会有意识地引导员工朝着自己设定的目标前进，而如果没有专职的知识产权管理者为企业规划知识产权的中长期目标，那么企业的专利工程师因为一直在做一些最为基础的业务而无法得到持续的提升，最终的结果可能是企业的知识产权工作无法进一步提升，专利工程师们的离职率也居高不下。

产品线较多的企业需要面临的最大的问题是专利工程师的专业匹配性问题。不同的产品可能涉及不同的技术领域，不同的领域需要不同专业的专利工程师。与产品所属专业不同的专利工程师来处理相关专利，由于专业性问题很容易造成专利质量的下降，从而无法真正起到保护自身技术的作用。

产品相对单一的企业的规模一般不会太大，基本都属于中小型企业，这类企业一般无须专门针对产品线设置专门的产品线专利工程师。专利工程师规模也不会太大，专利工程师的岗位更多的是依据专利工作的分工而设置，依据工程师的能力大小，根据专利工作的难易程度安排不同的人员岗位，这种方式有点类似于梯队建设的团队培养方式，如果高级专利工程师的离职率比较低，那么团队稳定性就较高，对公司带来的风险也就较小，如果高级专利工程师的离职率比较高，那么团队稳定性就很差，公司的知识产权工作风险就比较大。

6.2.2　获得知识产权对等的话语权

企业通过知识产权管理工作来"获得知识产权对等的话语权"是指企业的知识产权总体水平在市场竞争对手之下，并且感受到竞争对手的知识产权带来的潜在压力，为扭转在知识产权方面的弱势地位，通过针对性地申请、布局、获取知识产权，从而获得与竞争对手知识产权对等的话语权。

企业存在这种需求，是竞争对手施加压力和自身能力不足两方面综合作用的结果。目前国内一些企业在知识产权方面存在较大的劣势，但是由于该领域或市场中的竞争对手并没有对其施加知识产权压力，因此企业没有意识到该需求的存在，一旦由于所在领域或市场发生变化，例如原来的市场仅仅是国内市场，竞争对手也仅仅是国内的企业，而现在的市场是国际市场，竞争对手是国际知名企业，这种需求就会突然变得非常急迫，有可能企业因为无法满足该需求，从而导致重大损失，甚至不得不放弃进一步发展的机会。

国内较早走出国门，进入国际市场参与竞争的企业，基本都经历过本阶段的需求，例如1987年成立的华为公司从代理香港地区企业交换机开始，1990年开始交换机自主研发，1995年已经实现了15亿元的营业收入。技术和所在市场都在快速发展的华为公司并没有意识到知识产权对等话语权的作用，直到华为进入到国际市场，才深切感受到来自竞争对手的知识产权压力，例如与思科、摩托罗拉等企业的诉讼，以及美国发起的337调查等，身处竞争对手压力下的华为，体会到了获得对等话语权的重要性。一方面通过购买、许可等方式快速提升自身的知识产权；另一方面开始大力，有针对性地申请专利等知识产权，华为公司慢慢构建起了自身的知识产权体系，经过多年的发展，华为公司在5G技术上已经掌握了不弱于竞争对手的核心专利数量，在5G时代下的通信领域竞争中获取了与竞争对手对等的话语权。

无独有偶，中兴通讯作为国内另外一家走出国门的通信企业，也经历了和华为公司类似的知识产权需求。刚刚踏出国门的时候，在欧洲的展会上，参展的中兴手机都已经摆好了，结果海关以手机中的视频专利侵权为由，将其撤柜。2000年前后，国际通信巨头先后找上门来，要求中兴通讯就全球移动通信系统等无线通信技术专利进行许可谈判，中兴通讯最后只能支付高昂的专利许可费，使得中兴通讯的产品成本大大增加，在整个竞争中处于劣势。正是在这样的压力下，中兴通讯才意识到知识产权对于企业在竞争中获取平等话语权的重要性，加大研究开发投入和知识产权申请，以求尽快能够弥补之前在竞争中遭受的损失。

获得知识产权对等话语权的需求具有两方面的显著特征。

一是紧迫性。企业对知识产权的需求是迫切的，这种迫切主要来自市场竞争对手的压力，例如已经发生了诉讼，或者在市场开拓中遭受了重大打击，例如337调查、国家安全调查、欧洲"双反"调查、展会扣押或海关禁令等，这种情况下，随着时间的推移，企业的损失会大幅增加，因此，企业迫切需要能够满足需求的知识产权。

二是针对性。企业对知识产权的需求是明确的，就是针对当前某些竞争对手行为的知识产权，例如，诉讼中的反诉专利。企业获取有针对性的知识产权是为了有针对性地应对来自特定竞争对手的压力，因此，企业的知识产权需求是有针对性的。

可以看出，获得知识产权对等的话语权的需求是企业竞争发展中的阶段性需求，并且和所在市场有很大关系，区域性比较明显。存在这种需求的企业，往往是处于市场的扩张阶段，从本国往他国发展的过程中，对竞争对手的市场形成了一定的影响，竞争对手利用知识产权优势对其进行攻击和打压，从而迫使企业产生对此阶段的需求的欲望。

把"获取知识产权对等的话语权"作为知识产权管理需求的企业开展知识产权工作时，根据此阶段需求的特点，工作也具有两个明显特征。

第一，为了解决当前困境而快速获取知识产权。根据前面对本阶段需求的分析得知，企业此时往往处于某种知识产权困境，例如侵权诉讼，企业迫切需要解决困境，因此，企业就需要开展对应的工作项目，搭建完善的知识产权管理制度和流程，配备专职的知识产权工作人员和专门的知识产权部门，其知识产权部门人员也应有详细科学的分工，例如已经具有了专门的流程管理岗位、专利申请岗位、侵权尽职调查岗位、专利信息分析岗位以及知识产权法务岗位。企业针对产品的专利布局已经开展，核心专利和外围专利的定义也初步得到确认。由于已经经过诉讼积累，因此企业的专利工程师对于专利的认识已经具有一定的深度，专利信息检索和分析工作会非常多，部分企业的知识产权工作已经介入到研究开发、采购、销售等各个环节。

第二，获取的知识产权具有针对性。本书建议这类企业最好能够建立中长期战略规划，规划中应该包含专利申请增长的百分比、商标战略、产品的专利布局战略等，针对竞争对手要做深度的产品、技术专利信息检索与分析，并定期跟踪竞争对手专利申请情况及专利布局，同时围绕竞争对手的产品、技术进行外围专利布局，以增强后续专利诉讼过程中的谈判筹码。

知识产权获取、创造和维护工作是本阶段较为核心的内容，在此阶段，知识产权的获取除了自身知识产权创造产出以外，还将引入知识产权交易，例如通过购买、获得许可等方式，在短时间内获得目标知识产权，用于抵御来自竞争对手的知识产权压力，解决当前或潜在的知识产权困境。在知识产权创造过程中，企业可以采取两种策略，一种是提高专利申请量，以量换质，通过申请数量的持续增加，让工程师提高对于专利的认知能力，同时在真正出现诉讼的时候，企业能够具备一定应对竞争对手诉讼的筹码，通过反诉讼、交叉许可等多种方式，来获取知识产权对等的话语权；另一种策略是通过有针对性的知识产权布局，在竞争对手的产品、技术的周围申请有威胁的知识产权，使竞争对手也存在侵权风险，从而形成实际意义上的交叉使用，在一定程度上就会弱化竞争对手对企业的攻击能力。

随着大量的专利产生，企业为此付出的成本代价就会越来越大，因此，知识产权的维护工作显得尤其重要，企业需要针对大量的专利进行评估，确认哪些专利需要维护，哪些专利需要放弃，放弃的流程应该如何等，这些评估都要建立一套完整科学的程序。

对于过程管理，关键是研究开发过程的知识产权管理和销售过程的知识产权管理。在研究开发过程中，立项阶段要重点检索竞争对手的相关专利，并针对相关专利进行可利用性、可借鉴性和可规避性分析；研究开发过程要针对创新技术进行大量的专利申请。在销售过程中，企业需要针对销售产品进行侵权风险评估和规避。

企业要配备足够专业的知识产权从业人员，基于"获得知识产权对等的话语权"为知识产权管理目的的企业，其市场占有空间已经给竞争对手造成了一定的挤压影响，竞争对手对其已经或者即将开展知识产权竞争手段，在这种情况下，足够多的专利申请量将会在一定程度上弥补企业创新能力不足的缺陷，而足够多的专利申请量，势必需要足够多的知识产权从业人员进行处理。另外，企业通过知识产权交易的方式快速获得目标知识产权的时候，需要基础资源中的信息资源作为支撑，例如知识产权尽职调查。

此阶段的知识产权工作已经是企业市场业务的一个重要组成部分，是保障企业市场竞争能力的一个重要后盾，因此在人力资源、财务上也必然需要得到相应的体现。基于决策的需要，知识产权管理工作必须由独立部门来承担，例如知识产权部，并直接对最高管理者代表（例如总裁或董事长）负责。知识产权工作必须进行细分，一职多能的要求不利于工作的细化和开展，也不利于权责的分配与考核。企业必须要考虑合理的人力配置，避免为了节约人力成本而降低了知识产权工作的有效性。

6.3　成熟阶段企业知识产权管理

成熟阶段的企业以"尽可能地排除知识产权风险"和"通过知识产权来打击竞争对手"作为企业知识产权活动目的，其中，尽可能地排除知识产权风险是指企业有意识地将知识产权风险管控纳入生产经营的管理过程中，以求降低企业的知识产权侵权风险。通过知识产权来打击竞争对手是指企业利用获得的专利、商标、软件著作权登记等，通过警告、诉讼、无效等方式，迫使竞争对手成本增加、名誉受损或产生巨大经济损失，以达到打击、排挤竞争对手，提升自身竞争优势的目的。利用知识产权打击竞争对手，对应于《规范》基础管理的保护部分。"尽可能地排除知识产权风险"和"通过知识产权来打击竞争对手"就像一个硬币的两面，企业在尽可能排除知识产权风险的同时，利用手上的知识产权来打击竞争对手，从而获得竞争优势，下面分别对这两个方面展开介绍。

6.3.1 尽可能地排除知识产权风险

（1）企业知识产权风险的种类，如果按知识产权的种类可以分为以下8种。

- 专利（发明、实用新型、外观设计）风险。
- 商标风险。
- 著作权风险。
- 商业秘密风险。
- 地理标记风险。
- 商号风险。
- 集成电路布图设计风险。
- 不正当竞争风险。

不同的企业在不同的生产经营环节可能涉及的知识产权种类是不一样的，由此可能产生的潜在知识产权风险也是不一样的，并且根据企业的竞争对手知识产权的情况，上述这些知识产权风险对企业而言，紧迫等级也是不同的。

（2）企业知识产权风险的种类，如果按知识产权风险的性质可以分为以下3种。

知识产权法律风险，是指不同时间、不同地域的与知识产权有关的法律、法规、规章或规范性文件的创设、修订、废止等对企业生产经营带来的风险。例如美国的337调查就是非常典型的具有地域性的法律法规，如果企业的产品是出口到美国市场的，就必须要考虑美国国际贸易委员会（United States International Trade Commission，简称USITC）根据美国《1930年关税法》（Tariff Act of 1930）第337节（简称"337条款"）及相关修正案进行的调查。

这项调查禁止的是一切向美国出口产品中的任何不公平贸易行为。

知识产权管理风险，是指企业在知识产权管理过程中，可能对知识产权的有效性、权属、权利行使人、权利行使范围等方面产生消极影响的行为带来的风险。例如，企业因未及时缴费和未及时申请续期而导致知识产权流失，企业改制、重组、合资中的知识产权流失，企业知识产权交易中对自身权益保护不力等，都属于知识产权管理风险的范畴。

知识产权侵权风险，是指企业在生产经营过程中，侵犯了他人法定知识产权权益所带来的知识产权侵权风险。一般而言，知识产权侵权风险是知识产权风险最主要的表现形式，例如专利侵权诉讼、商标侵权诉讼等就是这种风险的直接表现形式。

上述三种知识产权风险中，知识产权法律风险和知识产权管理风险相对来说可控性较强。企业对产品投放市场所在地当前的知识产权法律法规进行提前了解和分析，即可制定相应的风险防范策略。直接聘请产品投放市场所在地的律师事务所代为制定法律风险防范策略，也是企业常用的手段之一。对于知识产权管理风险，企业则可以建立内部的知识产权管理团队，对企业知识产权进行统一管理，制定风险管控制度，明确职权，可以有效地降低知识产权管理的风险。但是，知识产权侵权风险则不同，企业生产经营环节涉及面广，例如原材料的采购、研究开发设备的使用、产品的研究开发成果、产品的营销等环节都有可能涉及知识产权侵权，并且知识产权法律风险和知识产权管理风险也极有可能演变成知识产权侵权风险，因此，知识产权侵权风险是企业所面临的最复杂、最重要，也是最棘手的知识产权风险。

事实证明，知识产权侵权风险是无法完全避免的，知识产权越是成熟和强大的企业，所发生的知识产权侵权就越多。例如国外的IBM、苹果、三星，国内的华为、中兴通讯等，都曾多次成为知识产权侵权诉讼的被告，这是企业将知识产权作为市场竞争手段运用的结果，只要存在市场竞争，那么知识产权侵权风险就不可避免，企业所能做的，只能是尽可能地排除知识产权侵权风险，降低风险带来的潜在影响和损失，并寻求一定的抗风险措施和筹码，以提高企业应对知识产权侵权风险的能力。

因此，上述三种知识产权风险对企业的影响阶段和影响力是不一样的。知识产权法律风险在企业获得荣誉、资质、奖励、费用减免等的需求和保护自身技术的需求阶段已经得到一定程度的规避。知识产权管理风险在企业满足保护自身技术的需求和获得知识产权对等的话语权的需求阶段也在一定程度上得到缓和，而知识产权侵权风险是本阶段需求所要解决的重点内容。

处于"尽可能地排除知识产权风险"需求阶段的企业，重点要排除的知识产权风险是侵权风险，与"获取知识产权对等的话语权"阶段在对待知识产权诉讼不同的是，本阶段的企业在知识产权积累和运用上不一定弱于竞争对手，并且对待知识产权的态度不再是被动导入，而是积极主动地寻找自身生产经营环节存在的知识产权漏洞，并希望通过制度、流程进一步对这些风险点进行控制，降低侵犯其他企业知识产权的风险，从而避免企业陷入知识产权侵权风险的被动地位，为下一阶段"通过知识产权来打击竞争对手"的需求阶段进一步巩固防范基础，是企业知识产权管理从被动变成主动的重要转折点。

（3）根据企业不同的生产经营环节中的特点，本书总结了以下 6 个知识产权侵权风险点。

- 原辅材料、工装设备、工艺技术等物资和技术采购，可能采购到知识产权侵权物资和技术，造成知识产权侵权；
- 来料加工、来样加工、委托设计、委托加工、自主生产等生产环节，可能生产知识产权侵权产品，招致知识产权侵权纠纷；
- 技术研究开发活动中开发出的技术或者产品，可能侵犯他人知识产权，引发纠纷；
- 企业销售自主生产的产品或销售他人生产的产品，可能侵犯他人知识产权，引发纠纷；
- 企业对外贸易过程中引进或出口的技术、产品，可能侵犯他人在国内或国外的知识产权，引起涉外专利侵权纠纷；
- 企业各种对外宣传活动，参加各类展览会、订货会、展销会等参展活动，可能产生对专利产品的许诺销售行为，侵犯他人知识产权。

（4）对于上述辨析出来的知识产权风险点，企业应该在生产经营环节中有意识地设置知识产权侵权风险点管控。企业可以做到以下 5 点。

一是企业生产经营采购环节，对重要物资、装备、技术的采购，企业要建立知识产权检索分析机制，规避知识产权侵权；对于一般物资、设备的采购，企业要加强合同管理，在采购合同中明确约定双方的知识产权权利义务，写明知识产权侵权责任的承担。

二是企业承接加工承揽业务，首先要对委托生产的产品进行国内外知识产权检索，弄清其知识产权技术、知识产权所有人分布，弄清产品的目标市场，规避生产侵权；其次要在加工承揽合同中设立知识产权责任条款，明确双方应承担的关于知识产权责任的义务，尽可能减少和降低知识产权侵权责任承担，规避知识产权侵权风险。

三是企业技术研究开发要建立知识产权跟踪检索机制，规避研究开发活动的知识产权侵权；合理运用现有技术方案，如果一定要采用具有其他企业知识产权的技术方案，那么一定要进行知识产权规避设计。

四是企业生产的产品投放市场前和开展技术、产品进出口贸易时，应进行必要的目标市场国知识产权检索分析，规避知识产权侵权。

五是企业对外宣传涉及自主知识产权的，要确保其知识产权的有效性，涉及他人知识产权的，要得到知识产权所有人的授权；产品展览、展销，要了解展会举办方所在国的知识产权法律规定，开展必要的知识产权检索分析，规避知识产权侵权。

经历过多次知识产权诉讼的企业一般都设有专门的知识产权维权部门，由于其知识产权活动主要以排除风险为主，因此其知识产权工作具有极强的针对性，针对具体产品的知识产权布局会更加清晰化和明确化，其对竞争对手所处国家的知识产权环境会进行针对性的了解。

尽可能地排除知识产权侵权风险的核心在于做生产经营环节的知识产权分析，提前控制生产经营环节中的知识产权侵权风险，降低风险对企业的影响；另外，企业也可以通过布局与竞争对手有威胁的知识产权，从而让竞争对手存在侵权行为。这样就算受到竞争对手的知识产权侵权指控，企业也有反制之力，从而有效降低了知识产权侵权风险。

在人力资源方面，由于面对的是竞争对手的竞争诉讼，而根据知识产权地域性的特点，各国知识产权制度存在明显差异，因此必须要有一批精通国外知识产权业务且有诉讼经验的知识产权律师团队。另外，针对竞争对手的专利信息分析是专利诉讼能否取得胜利的关键，专职、专业的专利信息分析团队也应该存在于这类企业之中。

在基础管理要素中，知识产权保护和知识产权创造是这类企业知识产权工作的重点。企业做大做强，就必然会侵犯原有市场占有者的利益，竞争对手不会轻易将市场拱手让出，企业遭受竞争对手侵权诉讼的风险非常高，因此如何控制侵权风险就显得尤为重要。

基础管理中的知识产权保护工作通过建立知识产权保护奖惩制度来尽可能地发动全员作用，同时针对自身涉及知识产权产品的海关登记备案保护，通过知识产权环境以及竞争对手专利分析，来进行公司产品的上市风险评估并形成规避方案。

在知识产权的过程管理中，企业应重点关注一前（研究开发）和一后（销售和售后）两个环节。研究开发阶段应注重规避对方的知识产权并形成自身的知识产权。销售和售后环节应尽量分析目的地知识产权保护环境以及竞争对手产品状况，通过目的地知识产权布局，来规避知识产权风险。

企业基于尽可能地排除知识产权风险的需求，应当在组织架构上做一些特别的设置，以适应该需求下的工作流程和信息的传递、执行及反馈。

此阶段的知识产权工作是企业进行市场竞争的重要后盾。企业在市场开拓、研究开发、销售等环节都应得到知识产权工作的协调并受到知识产权工作的管制，以防出现重大知识产权风险而给企业带来巨大损失，因此在组织架构上也必然需要得到相应的体现。基于决策的需要，知识产权管理必须具有独立部门，例如知识产权部，并直接对最高管理者代表（例如总裁或董事会）负责。知识产权工作必须进行细分，一职多能的要求不利于工作的细化和开展，也不利于权责的分配与考核，企业必须要考虑合理的人力配置，避免为了节约人力成本而降低了知识产权工作的时效性，带来不必要的损失。

6.3.2 利用知识产权打击竞争对手

随着知识经济时代的来临和无国界市场的成熟，市场的竞争已经从过去的拼价格、服务、规模等竞争方式，过渡到以知识产权为核心的知识竞争方式。知识产权已经成为企业在日趋复杂的市场环境中生存与发展的最重要的核心价值。未来的市场竞争就是知识产权的竞争。

利用知识产权打击竞争对手，是成熟阶段企业的知识产权工作的另一个重要方面，也是企业布局知识产权的主要目的。企业依靠知识产权的合法技术垄断，来限制竞争对手，提高行业门槛和破坏竞争对手的商誉、产品的交付和客户的合法使用。因此，在利用知识产权打击竞争对手的需求下，具有知识产权的主动方会采用多种方式来尽可能多维度、多方向地攻击竞争对手。

除了直接运用知识产权壁垒来打击竞争对手外，企业之间的竞争也常常运用"不正当竞争"诉讼的形式来实现对竞争对手的打击。不正当竞争诉讼依据的是《中华人民共和国反不正当竞争法》（简称《反不正当竞争法》）的法律规定，百度百科对不正当竞争的描述为：不正当竞争（unfair competition），是指经营者违反了《反不正当竞争法》的规定，损害其他经营者的合法权益，扰乱社会经济秩序的行为。

不正当竞争是对正当竞争行为的违反和侵害。而正当竞争，是指经营者采用符合国家法律、遵守社会公认的商业道德、信守诚实信用原则的商业手段进行竞争的行为。因此，凡是在竞争过程中，采用虚假、欺诈、损人利己的违反国家法律的手段进行的竞争，都是不正当竞争行为，都会损害其他经营者的合法权益，扰乱社会经济秩序。对于依法应当追究法律责任的不正当竞争行为，《反不正当竞争法》已经做出明确规定。

不正当竞争其实是侵犯正当竞争权益行为的一种概括，因此，不正当竞争一般会包含侵权行为，权益受损的一方可以选择采用单一的侵权诉讼或者不正当竞争诉讼来打击竞争对手。

利用知识产权打击竞争对手需要将技术的垄断和产品、市场的竞争结合起来，通过在先权的垄断优势压制竞争对手，夺取市场竞争优势。这种企业本身具有非常高的知识产权意识，并且已经至少满足了通过知识产权保护自身技术、获得知识产权对等的话语权和尽可能地排除知识产权风险等需求，并且产品、市场的竞争出现瓶颈，需要进一步开拓、抢夺市场，以及攻击市场上有威胁的竞争对手。这体现了企业发展到一定阶段，对知识产权运用的内在需求。

企业利用知识产权打击竞争对手，服务于企业的产品、市场竞争，体现了企业的进攻手段，是企业的"矛"，"矛"的锋利程度以及"矛法"的高明程度决定了打击的效果，因此，企业在此阶段的知识产权工作需要考虑的是针对竞争对手如何提高自身知识产权的威胁力，以及建立企业内部用于打击竞争对手的知识产权团队和相关制度保证。

在获取知识产权对等的话语权的阶段，企业已经建立起获得对于竞争对手有威胁的知识产权的能力，但是该阶段仅能获得均势能力，意味着对竞争对手发起攻击，就必然可能受到来自竞争对手同样等级的反击，因此，如果在该阶段就发起对竞争对手的知识产权的攻击的话，那么无疑是"伤敌一千，自损八百"的两败俱伤的结局。在通过知识产权打击竞争对手阶段，企业必须要全面提高自身知识产权的威胁程度。在提高知识产权威胁程度方面，可行的操作是提高威胁性知识产权的数量，以及威胁性知识产权的质量。威胁竞争对手的知识产权的数量要全面高于竞争对手的威胁性知识产权的数量，并且企业主营、核心业务的知识产权的数量应当是成倍多于竞争对手。对竞争对手有威胁的高质量知识产权在侵权判定和取证方面具有较高的可行性，例如产品专利的取证优于制备方法专利，商标的侵权判定较专利的侵权判定较为简单和容易，这些都是有效实施打击竞争对手的重要基础。

在团队建设方面，企业必须要考虑此阶段知识产权管理的主要需求，配备相应的资源，包括人力、财务、信息技术等，团队建设涉及财务和人力资源的分配。一般而言，此阶段的知识产权团队应当细化分工，分别涉及三类具体分工方向：知识产权挖掘与申请、知识产权检索与分析、知识产权维权与诉讼。细化分工后的知识产权的3个方面能够相互协作而各有侧重点，将能更加高效地达成打击竞争对手的需求。

在制度建设方面，此阶段的企业知识产权制度更应当加强专利维权的激励，激励的范围应当包括全公司的部门，重点包括市场、研究开发和知识产权三个主要部门。市场部门提供侵权线索和打击的有效时机，研究开发部门提供侵权判定和技术解释的有效证明，知识产权部门提供专业流程和打击的有效手段。企业应针对这三个部门提供高激励的引导，并在一定程度上对这三个部门制定奖励和惩罚措施，通过奖励和惩罚两方面激活知识产权的有效应用。

企业可以通过知识产权运营获取直接的经济收益。企业通过商品化和资本化手段，将持有的知识产权转化为企业的直接经济收益，成为企业新的利润增长点。

在此阶段之前，知识产权在企业的价值体现是通过间接的方式，例如荣誉、税收优惠、降低风险、打击竞争对手等，知识产权在企业工作环节中仍体现出服务性的特点，服务于市场营销、服务于财务税收、服务于研究开发和市场等，但当企业发展到可以通过知识产权运营获取直接的经济收益时，企业会意识到自己已经具备将知识产权作为企业的一种特殊商品，可以"卖出去"从而获得直接利润。知识产权在企业工作环节中将兼具服务性和业务性特点，即同时具备管理和市场两方面职能，既能对内提供服务，又能对外实现盈利，从而体现出知识产权对于企业核心价值的重要性。此时，企业开展知识产权工作已经变成一种本能的、内在的、自觉的需求，知识产权在企业的发展将进入到一个良性发展循环。

知识产权的运营手段包括许可、转让等，也可以用于出资、标准化、合作或者作为质押品融资等，其中，通过知识产权运营获得的直接经济效益的手段主要有许可、转让和质押融资三种方式。根据知识产权性质的不同，采用的运营手段也各不相同。知识产权的运营需要遵循一个基本的要求，也需要符合企业中长期发展战略的需要。因为，知识产权除了能作为一种无形资产外，还是一种法定的排他权，这种排他权可以实际运用到市场竞争中，而企业的长久发展核心就是在市场竞争中保持一定的优势地位，所以，知识产权的运营不当是有可能直接影响到企业的长久发展的。例如企业专利的许可或转让，需要考虑到被许可方或受让人在获得专利许可或转让后，是否会对企业发展战略造成威胁，企业是否会"培养"潜在竞争对手等。在知识产权运营前，企业需要对运营产生的影响进行评估，不能因为运营带来的短期利益而损害了企业的长远发展。企业在利用知识产权打击竞争对手的需求阶段，已经建立了对领域内竞争对手活动的监视和维权机制，例如对市场上疑似侵权的行为和产品建立发现、跟踪和取证机制，一旦发现，就应该保持积极的态度进行调查、确认、取证，并采用警告、诉讼在内的积极的维权手段来保护自身知识产权，把握通过知识产权运营获取直接的经济效益的机会。

将知识产权转化为直接经济效益需要企业具备较为扎实的知识产权管理水平和较高水平的知识产权运营能力，其中企业的知识产权管理水平在企业的各个发展阶段容易得到逐步的提升，但是知识产权运营能力不太会得到提高，因此，成熟阶段的企业需要通过一些基础性的工作和流程，进一步提高知识产权运营能力。

利用知识产权获得直接经济效益的企业在组织架构上应当体现出新的调

整，包括成立专门的知识产权运营团队。企业的知识产权架构仍然应当遵循工作细分原则，明确岗位职权，进行绩效奖励与考核。

知识产权工作是企业市场业务的一个重要组成部分，知识产权部门对内向企业贡献核心竞争力，对外为企业提供直接经济效益，因此在组织架构上也应该得到相应的体现。基于决策的需要，知识产权管理必须具有独立部门，例如知识产权部门，并直接对最高管理者代表例如总裁或董事会负责。如果企业通过知识产权获得直接经济效益，那么知识产权工作量将变得非常大，企业必须要考虑合理的人力配置，避免为了节约人力成本而降低了知识产权工作的效率。

在制度管理方面，知识产权的制度也应当进行细分，除了原有的管理制度、奖励制度外，还应当根据现阶段工作特性，将知识产权保护和维权作为一个独立的制度体现出企业的重视程度。

6.4　领军阶段企业知识产权管理

领军阶段企业的知识产权管理，以"行业垄断"作为企业知识产权活动目的，包括企业通过标准化、联盟、专利池等方式，将知识产权的合法垄断做到最大化，并通过保持创新，引领技术发展方向，从而持续保持这种垄断优势。

"行业垄断"是将知识产权运用到极致的表现，企业利用知识产权获得了市场的绝对优势，并根据企业的发展战略，利用知识产权杠杆，影响和辐射市场。很多进入中国的跨国企业就具有"行业垄断"的特征，例如微软，利用其操作系统在计算机系统的垄断地位，采用定价、搭售、限制等方式，一方面能够为企业创造超额的利润，另一方面对市场的新生竞争者进行打压，迫使其无法在市场中生存。

实现行业垄断的企业，其技术和知识产权的水平都处于行业的领先地位，垄断就是企业的技术和知识产权水平在市场竞争中的直接反映，因此，在此阶段的企业知识产权管理中，以实现行业垄断作为管理层工作的最高目标，是企业知识产权管理的追求。

在我国，有一个行业中出现了比较明显的行业垄断特征的企业。邱则有在1995年成立了长沙巨星轻质建材股份有限公司，是空心楼盖技术的创始人，为了保护自己开发的技术，邱则有最初采用了商业秘密的方式，甚至将产品的生产基地放到了监狱当中，但是仍然没有办法防止别人的仿造。恰逢中国申请加入世界贸易组织，邱则有看到 DVD 联盟通过专利费向中国企业大举进攻并屡屡得手，他意识到专利是保护发明的最好手段，而专利联盟则是垄断行业的最好武器。从 1999 年开始，邱则有开始布局，申请了大量的专利，这些专利中有的是攻击型专利，有的是防守型专利。2001 年后，邱则有更加注重多层次、全面地进行专利申请。公司的知识产权工作有专门的员工负责，撰写专利权利要求书的重任则由邱则有自己亲自把关，凭借着自己在本领域的技术领先优势，邱则有开始了大量制造专利的阶段。邱则有的企业至今已经就空心楼盖这个技术，申请并公开了 9 000 多项专利，授权了 4 000 多项专利。邱则有进行了几次针对性的专利诉讼，均取得了胜诉，到了 2005 年，邱则有开始组建空心楼盖专利联盟，自从联盟成立以后，在 1 年多的时间内，邱则有利用联盟的专利对仿冒企业发起了 39 次专利诉讼，并全部胜诉，获赔了 1 000 多万元。这是邱则有开始利用专利联盟实现行业垄断的第一步。随着专利联盟在领域中的名声越来越响，对仿制假冒企业的打击力度越来越大，到了后期，邱则有仅仅通过告知函或律师函等手段，就能够让侵权方屈服，赔偿并交纳专利许可费用，达到了"不战而屈人之兵"的效果，专利联盟也实现了在空心楼盖技术中的霸主和垄断地位。

  需要特别指出的是，企业利用知识产权实现行业垄断的行为应当遵守国家相关法律。企业组建专利联盟，对外统一许可、收费、定价，甚至直接干预其他企业的产品生产、销售、产品标准等行为，是极有可能构成法定的垄断行为，从而违反国家相关法律的规定，因此，企业在追求行业垄断的时候，应该是在法律框架范围内追求合理的领导地位，不要选择不正当的竞争行为。

  具有"垄断行业"需求的企业，在技术研发和知识产权管理两方面都必然处于领域或行业中的绝对领先地位，已经不满足于利用知识产权打击竞争对手或尽可能地排除知识产权风险这种简单的知识产权运作。企业谋求的是对行业、市场的统治力，以及在领域内的绝对话语权、对行业技术、市场发展方向的影响力。

  此阶段，企业内部的知识产权管理依然非常成熟，具备了向外延伸发展的趋势，即主导专利联盟或制定行业标准，利用比诉讼更加廉价、高效、直接的方式应用知识产权，达到垄断行业、独占市场的高级阶段。

企业进入到利用知识产权实现行业垄断的阶段，在企业的组织和架构上应当体现出新的调整，包括成立对外的知识产权管理团队。此阶段的知识产权架构仍然应遵循工作细分原则，明确岗位职权，进行绩效奖励与考核。

此阶段的知识产权工作已经是企业发展战略规划的重要组成部分，甚至企业可以放弃产品生产和市场推广的工作，将知识产权申请、运营、联盟和标准作为产品生产和市场推广的替代。因此在人力资源、财务和权力等级上也必然需要得到相应的体现。基于决策的需要，知识产权管理必须具有独立机构，例如知识产权部门，并直接对最高管理者代表或机构（例如总裁或董事会）负责。

知识产权工作必须进行细分，包括对内和对外两方面，对内进行的是企业知识产权的管理工作，主要由管理与服务部门负责，对外则是知识产权联盟的管理工作，主要由联盟与标准化部门负责。这些部门具有相对独立的职权，但在企业具体知识产权的运用上又相互联系。企业的运营和业务部门在日常工作中会经常与这两个部门合作。

在制度管理方面，知识产权的制度也应当进行细分，除了原有的管理制度、奖励制度外，还应当根据现阶段工作特性，设计新的相关制度，例如参与专利联盟的章程等。

◆ 小结 ◆

本章对不同阶段的企业的不同针对性的知识产权管理要点进行了详细介绍。企业都是从小慢慢成长变大的，在不同阶段，其知识产权管理的诉求也不相同，在初创阶段以满足获取荣誉、资质、奖励、费用减免等需求到成长发展阶段开始萌生出"保护自身技术"的企业知识产权管理目的，过渡到成熟阶段以"尽可能地排除知识产权风险"和"通过知识产权来打击竞争对手"作为企业知识产权活动目的，最后在领军阶段以"垄断行业"作为企业知识产权活动目的，包括企业通过标准化、联盟、专利池等方式，将知识产权的合法垄断作用最大化，并通过保持创新，引领技术发展方向，从而持续保持这种垄断优势。

参 考 文 献

[1] 杨铁军. 专利分析实务手册 [M]. 北京：知识产权出版社，2012.

[2] 甘绍宁. 专利信息利用实践 [M]. 北京：知识产权出版社，2013.

[3] 甘绍宁，曾志华. 专利竞争情报理论与实践 [M]. 北京：知识产权出版社，2013.

[4] 温旭. 知识产权业务律师基础实务 [M]. 北京：中国人民大学出版社，2014.

[5] 李勇. 专利侵权与诉讼 [M]. 北京：知识产权出版社，2013.

[6] 朱宇，黄志臻，唐恒.《企业知识产权管理规范》培训教程 [M]. 北京：知识产权出版社，2011.

[7] 王鹏，袁绍彦，刘奇祥，等. 化工企业专利预警工作研究 [J]. 塑料工业，2014（6）：113-115.

[8] 周善明，谢辉，程文武，等. 从集福卡分红包看软件类高价值专利的布局 [J]. 中国发明与专利，2020（6）：84-89.

[9] 周善明，李曦，乔文龙，等. 从3M公司口罩专利布局思考我国企业的创新与发展 [J]. 中国发明与专利，2020（2）：26-34.

[10] 周善明，陈维斌，宋进，等. 北斗卫星导航系统专利风险预警和建议 [J]. 中国发明与专利，2015（8）：47-52.

[11] 国家知识产权局，中国标准化研究院. 企业知识产权管理规范：GB/T29490-2013[S]. 北京：中国标准出版社，2013.